AI와 패션 디자인

AI문고

인공지능 시대입니다. 기계가 인간의 인지를 대신하고, 사물이 인간을 통하지 않고 다른 사물과 직접 커뮤니케이션합니다. 이에 따른 인간 삶과 문명 변화를 정확히 이해·예측·대응하는 것은 이 시대 우리 모두의 과제입니다. AI문고는 인공지능 기술과 환경의 여러 주제를 10가지 키워드로 정리합니다. 관련 개념과 이론, 학계와 산업계의 쟁점, 우리 일상의 변화를 다룹니다. 인간과 기술의 현재, 미래를 세심히 분석합니다.

일러두기

- 인명, 작품명, 저서명, 개념어 등은 한글과 함께 괄호 안에 해당 국가의 원어를 병기했습니다.
- 외래어 표기는 현행 어문규정의 외래어표기법을 따랐습니다.

처음이세요?

전문가세요?

AI와 패션 디자인

마진주·정연이

대한민국, 서울, 커뮤니케이션북스, 2025

AI와 패션 디자인

지은이 마진주·정연이
펴낸이 박영률

초판 1쇄 펴낸날 2025년 12월 3일

커뮤니케이션북스(주)
출판 등록 2007년 8월 17일 제313-2007-000166호
02880 서울시 성북구 성북로 5-11
전화(02) 7474 001, 팩스(02) 736 5047
commbooks@commbooks.com
www.commbooks.com

ISBN 979-11-430-1100-8 03500

책값은 뒤표지에 표시되어 있습니다.

차례

패션 디자인을 다시 묻는 시대

패션 디자인은 디자이너의 경험과 철학, 예술적 비전을 담아내는 고유한 창작 행위였다. 디자인은 단순한 기능이나 형태를 넘어, 시대의 문화적 · 사회적 가치를 반영하는 인간 중심의 과정이었으며, 스타일은 디자이너의 전문 지식과 감각, 그리고 개인적 표현이 응축된 결과로 여겨졌다. 이처럼 패션은 인간의 내면과 정체성을 드러내는 예술의 한 형태였다(Albishri & Almisbahi, 2024).

그러나 생성형 인공지능(AI)의 등장은 이러한 전통적 관념에 근본적인 질문을 던지고 있다. AI는 마케팅 전략 수립이나 콘텐츠 생성은 물론, 컬렉션 기획과 디자인 스케치처럼 전통적으로 인간의 창의성이 요구되던 영역에까지 깊이 관여하고 있다. 일부 브랜드는 이미지 생성 AI 도구를 대규모로 활용해 'AI 크리에이티브 디렉터'라는 개념까지 실험하고 있다.

이러한 시대적 변화는 단순한 기술의 진보가 아니라, 패션 디자인이라는 창작 행위 자체의 정의를 다시 묻게 만든다. AI 도입으로 변화하는 패션 디자인을 이해하기 위해서는, 먼저 AI 기술이 어떻게 진화해 왔는지를 살펴볼 필요가 있다.

AI의 계보

'AI(Artificial Intelligence)'라는 용어는 1956년 존 매카시(John McCarthy) 교수가 다트머스 회의에서 '지능형 기계를 만드는 과학 및 공학'을 의미하는 개념으로 처음 언급한 것으로 알려져 있다(Hamet & Tremblay, 2017). 이후, 이 개념은 '외부 데이터를 정확하게 해석하고 학습하며, 이를 바탕으로 특정 목표나 과업을 수행하는 데 사용되는 시스템의 능력'으로 보다 구체화됐다(Kaplan & Haenlein, 2019).

1960년대에는 로봇을 활용해 소규모 과제를 해결하는 일련의 프로젝트들이 수행되고, 이어서 추론 장치를 활용해 지식 기반 명제를 탐색하는 전문가 시스템이 개발되기 시작했다. 당시의 연구 성과는 AI 기술의 초기 형태로 간주되지만, 자율적인 학습 능력을 갖추고 있지 않다는 점에서 엄밀한 의미의 AI로 보기에는 한계가 있다는 견해도 있다(Kaplan & Haenlein, 2019). AI 연구는 이후 기술적 한계를 맞으며 침체기에 접어들었는데, 이 시기를 'AI 겨울(AI Winter)'로 지칭한다.

아서 새뮤얼(Arthur Lee Samuel)이 프로그래밍한 체커 게임용 컴퓨터 이름에서 비롯한 머신 러닝(Machine Learning)은 AI의 핵심적인 분야다. 머신 러닝은 인간이 명시적으로 프로그래밍하지 않고도 컴퓨터가 문제 수행 경험을 축적하면서 자신의 수행 능력을 점진적으로 향상할 수 있도록 학습하게 하는 방식이다(Baron, 2023; Kaplan & Haenlein, 2019). 학습 프로세스 유형에 따라 머신 러닝은 일반적으로 지도 학습(Supervised Learning), 비지도 학습(Unsupervised Learning), 강화 학습(Reinforcement Learning)의 세 가지 방식으로 구분된다.

지도 학습은 레이블이 부여된 대규모 데이터 세트를 활용해 주어진 입력과 출력 간의 관계를 대응(mapping)하는 방식으로 학습이 이루어진다. 여기서 레이블이 부여됐다는 것은 각 데이터에 정답이 명시되어 있음을 의미한다. 이러한 정답 정보를 기반으로 입력 데이터에 대응하는 출력값을 예측하는 방법을 학습해, 얼굴 인식, 상품 수요 예측, 스팸 메일 분류 등 실질적 업무에 적용한다.

비지도 학습은 레이블이 부여되지 않은 데이터를 기반으로, 데이터 간의 유사성이나 차이점을 분석해 데이터의 구조나 패턴을 도출하는 탐색적 학습 방식이다. 고객의 구매 행동을 분석해 고객층을 세분화하거나 이미지의 특징을 추출하는 작업에 활용될 수 있다.

강화 학습은 주체(Software agent)가 행동을 취하고, 그 결과로 보상 또는 처벌을 받는 반복적인 탐색과 피드백 과정을 통해 최적의 행동 전략을 스스로 학습하는 방식이다. 대표적인 예시로 AI 바둑 프로그램인 알파고나 자율 주행차 시스템, 자동화된 주식 투자 알고리즘 등이 있다.

1980년대에 이르러 인간 두뇌의 뉴런 연결 구조를 모사한 컴퓨터 모델을 구축할 수 있다는 개념에서 시작한, 머신 러닝의 하위 분야인 딥러닝이 등장하기 시작했다. 딥러닝 또는 심층 신경망(Deep Neural Network, DNN)은 인간의 뇌가 정보를 처리하는 작동 방식을 모방해 다층 구조의 신경망을 통해 학습하는 머신 러닝 기술을 의미한다.

딥러닝 모델은 합성곱 신경망(Convolutional Neural Network, CNN), 순환 신경망(Recurrent Neural Network, RNN), 트랜스포머(Transformer) 등의 아키텍처를 기반으로 수학적, 통계적 최적화 과정을 거쳐 문제를 해결한다. 얀 르쾽(Yann Le Cun)이 개발한 합성곱 신경망(Convolutional Neural Network, CNN), 1986년 제프리 힌턴(Geoffrey Hinton)이 제안한 다층 신경망, 그리고 2010년대 요슈아 벤지오(Yoshua Bengio)가 주도한 적대적 생성 신경망(Generative Adversarial Networks, GAN)은 딥러닝 기술 발전의 주요 전환점으로 평가된다(Baron, 2023).

더불어 2009년 페이페이 리(Fei-Fei Li)는 이미지 정보를 기반으로 이미지 식별 및 분류가 가능한 대규모 머신러닝 데이터 세트인 이미지넷(ImageNet)을 개발했다(Deng et al., 2009). 이러한 AI 기술의 본격적인 진전과 도약은 방대한 데이터의 축적과 처리, GPU(그래픽 처리장치)를 포함한 컴퓨팅 성능의 비약적 향상에 따른 고성능 학습이 가능한 기술적 기반에 힘입은 결과로도 볼 수 있다.

딥러닝 기술 가운데 GAN은 실제와 구분하기 어려운 이미지, 영상, 인물 등을 비롯한 콘텐츠를 생성하는 데 탁월한 성과를 보이며, 최근 몇 년간 예술, 디자인, 문화 분야에서 괄목할 만한 진전을 이뤘다(Shahriar, 2022).

GAN의 아키텍처는 데이터를 생성하는 생성기(Generator)와 생성된 데이터가 실제인지 아닌지를 식별하는 판별기(discriminator)로 구성된다. 생성기는 판별기로부터 전달되는 피드백을 반복적으로 수용해 오류를 최소화하는 방향으로 학습하며 실제 데이터와 식별이 어려운 수준의 새로운 데이터 예시를 생성한다.

인간이 외부 세계를 시각, 청각, 촉각 등 다양한 감각으로 인지하고 이를 통합하듯, AI 또한 텍스트, 이미지, 오디오, 비디오, 3차원 모델 등 다양한 형태로 존재하는 정보를 연결, 융합해 분석함으로써 더 정밀한 문제 해결을 가능케 하는 멀티모달 AI(Multimodel AI)가 발전하고 있다. 멀티모달 AI는 복합적인 사고나 환경, 문제 해결을 요구하는 디자인 산업, 자율 주행차, 건축, 보안 및 감시 시스템 등에 적용되고 있다.

이러한 딥러닝 모델을 활용해 기존 데이터를 학습하고, 이를 바탕으로 새로운 데이터를 생성하는 기술, 방식, 콘텐츠를 제너레이티브 디자인(Generative Design)이라 한다. 이는 인간 디자이너와 AI가 협력해 반복적인 상호 피드백 과정을 거쳐 효율적이고 혁신적인 결과물을 도출하기 위한 디자인 접근 방식이다.

한편, AI 기술의 대중화를 이끈 계기로는 단연 오픈AI(OpenAI)가 개발한 챗GPT(ChatGPT)를 들 수 있다. 챗GPT는 '챗 생성 사전 학습 트랜스포머(Chat Generative Pre-trained Transformer)'라는 신경망 아키텍처를 기반으로 한 거대 언어 모델(Large Language Model, LLM)에 속하며, 방대한 양의 데이터를 학습해 단어, 문장, 구문의 확률을 예측해 자연스러운 텍스트를 생성한다(Cascella et al., 2023). 또한 GAN의 원리를 바탕으로 이미지, 음악, 영상 등 다양한 형태의 제너레이티브 디자인 및 콘텐츠를 생성하며, 다양한 소스의 데이터를 통합한 분석도 가능하다(Dasborough, 2023).

AI 시스템은 과거 데이터에 기반한 학습 능력의 수준에 따라 '분석 AI(Analytical AI)', '인간에게서 영감을 받은 AI(Human-Inspired AI)', '인간화된 AI(Humanized AI)'로 유형화할 수 있다(Kaplan & Haenlein, 2019).

분석 AI는 오늘날 대부분의 기업에서 활용되는 형태다. 기본적인 인지 지능을 갖추고 인지적 표현을 생성하거나 과거 경험에 기반한 학습을 통해 미래 의사 결정에 도움을 준다. 반면 인간에게서 영감을 받은 AI는 인지 지능과 더불어 감성 지능을 함께 갖춘 형태다. 인간의 감정을 인식해 보다 정교하고 효율적인 의사 결정과 업무 수행을 가능하게 한다. 인간화된 AI는 인지 지능, 감성 지능, 사회적 지능을 모두 갖춘 고도화된 형태의 AI다. 인간과 유사한 자의식을 지니고 독립적인 의사 결정을 수행할 수 있는 수준에 도달한 존재로 간주한다. 그러나 이러한 수준의 AI는 현재까지는 기술적으로 구현되지 않은 상태다.

커즈와일(Kurzweil, 2005)은 비생물학적 지능이 2030년 이내에 인간 지능의 범위와 복잡성을 따라잡을 것이며, 이에 따라 '특이점(Singularity)'으로 불리는 전환점이 2045년까지 도래할 것으로 예측했다. 특이점은 인간의 존재 및 사고가 기술과 융합되는 과정의 정점을 의미한다. 그 결과 인간의 생물학적인 존재 한계를 넘어 인간과 기계, 물리적 현실과 가상 현실의 구분이 모호해질 것으로 전망한다. 이러한 시대에 '인간다움'은 인간의 물리적, 정신적 범위를 확장하려는 욕구로 재정의되며, 인간 지능은 비생물학적 형태와 융합해 창의성이 극대화된 새로운 세계를 가져올 것이다(Kurzweil, 2005). 이처럼 오늘날의 AI는 물론, 가까운 미래의 AI 또한 전례 없는 속도로 사회 전반에 걸친 변혁을 이끌 것이다.

AI 창작의 시대, 인간의 역할은 무엇인가

생성형 AI는 이제 디자인 전 과정에 깊숙이 개입하며, 디자이너의 역할을 재정의하고 있다. 기술의 진보는 "창작의 주체는 누구인가", "창의성의 원천은 무엇인가"라는 본질적 물음을 불러일으키며, 인간 상상력의 가능성 자체에 대한 불안을 자극한다.

우리는 이 혼란 속에서 '인간다움'과 창의성의 본질을 다시 묻지 않을 수 없다. 기술이 고도화될수록 인간의 고유한 가치를 탐구하는 인문학의 역할은 더욱 중요해지며, 인문학적 통찰과 융합적 사고는 새로운 시대의 성장 동력이 된다(박정한, 2025).

이 책은 "AI가 인간 디자이너를 대체할 것인가"라는 단선적인 질문을 넘어, 기술과 인간이 공존하는 새로운 창작 환경 속에서 디자이너의 역할과 패션의 미래를 어떻게 재정의할 수 있을지 다각적으로 탐색하고자 한다. 그 목적은 인간과 AI 사이의 진정한 시너지의 조건을 찾는 데 있다.

과거의 디자이너가 '무(無)에서 유(有)를 창조하는 창작자(Creator)'였다면, 이제는 AI가 생성한 수많은 결과물 속에서 의미를 발견하고 재구성하는 해석자이자 큐레이터(Curator)로 이동하고 있다. 실제로 일부 직무에서는, 기계가 만들어 낸 결과물을 선별하고 편집하는 'AI 편집자(Editor)'라는 새로운 역할이 등장하고 있다(Butler-Young, 2025).

성공적인 창작 활동을 위해 디자이너는 AI를 자신의 워크 플로에 통합하고, 감성 지능, 스토리텔링, 문화적 맥락 해석력과 같은 인간 고유의 강점을 더욱 강화해야 한다. 생성형 AI 시대의 디자이너는 '무엇을 만들 것인가'를 넘어서, '어떻게 AI에 지시할 것인가'를 고민해야 한다. 프롬프트 엔지니어링(prompt engineering)은 점점 디자이너의 핵심 역량이 되어 가고 있다.

이러한 시대적 변화는 인간의 창작 행위를 철학적으로 다시 사유할 것을 요구한다. 해나 아렌트는 《인간의 조건》에서 인간의 활동을 '노동(labor)', '작업(work)', '행위(action)'로 구분했다. 노동은 생명 유지에 필요한 반복적 활동이며, 작업은 도구를 활용해 인공물을 생산하는 행위다. 반면, 행위는 타인과의 관계 속에서 자신의 정체성을 드러내며, 세상에 '새로운 시작(natality)'을 만들어 내는 유일하고 고차원적인 실천으로, 오직 인간만이 수행할 수 있다(Arendt, 1998; 박병준, 2014).

이러한 관점에서 보면, AI가 '노동'과 '작업'은 수행할 수 있지만, '행위'의 주체가 될 수는 없다. 왜냐하면 AI에는 자율적이고 독립적인 비판적 사고와 공감 능력, 그리고 주체적 창의성이 없기 때문이다(정연이, 2024). 행위의 본질은 예측 불가능한 새로움을 창조하는 능력에 있으며, 이는 경험, 감정, 사회적 맥락을 바탕으로 새로운 의미를 구성할 수 있는 인간만의 고유한 특성이다. 데이터 조합에 기반한 AI는 이를 모방할 수는 있어도, 실질적으로 대체할 수는 없다.

결론적으로 AI는 디자이너의 창의성을 위협하는 경쟁자가 아니라, 오히려 그 창의성을 증폭하는 강력한 도구이자 협력자다. 디자이너는 AI가 처리하는 '노동'과 '작업'을 도구 삼아 반복적 업무에서 해방되고, 인간 고유의 '행위'에 더욱 집중할 수 있게 된다. 기술은 도구에 불과하다. 중요한 것은 그것을 어떻게 사용하는가다.

패션 산업은 왜 AI를 도입하는가

패션 산업은 디지털 전환이 가속화되며 그 어느 때보다 빠르게 가치 사슬 전반을 재편하고 있다. 트렌드 주기의 단축, 즉각적인 반응 속도, 지속 가능성 요구가 맞물리며, AI는 선택이 아닌 필수가 되었다. 자라(Zara), H&M과 같은 글로벌 브랜드는 과잉 재고와 낭비를 줄이기 위해 공급망에 AI를 적극적으로 도입하고 있으며, 이는 패션 산업 전반이 데이터를 활용한 신속한 의사 결정을 핵심 역량으로 수용하고 있음을 보여 준다(Jobe, 2024).

AI는 현재 패션 산업의 거의 모든 영역에서 실질적인 성과를 달성하고 있다. 트렌드 분석, 원단 불량 감지, 개인화 추천, 재고 예측, 가상 피팅(Virtual Try-on) 기술 등은 이미 폭넓게 적용되고 있으며, 특히 고객 중심 전략을 강화하려는 기업들이 AI를 전략적으로 활용하고 있다. AI는 방대한 정량·정성 데이터를 분석하여 고객의 숨은 니즈를 식별하고, 이를 바탕으로 브랜드의 장기 수익성과 직결된 고객 평생 가치(Lifetime Value, LTV)를 극대화하는 데 기여한다(BoF Studio, 2024).

이러한 기술 도입은 단순한 효율화 차원을 넘어 새로운 비즈니스 모델을 촉발하고 있다. 예컨대, 가상 샘플 기반 주문 제작, AI 기반 개인 스타일링 구독 서비스와 같은 실험적 모델은 기존의 패션 밸류 체인을 근본적으로 재구성한다. 이런 전환 속에서 디자이너는 단순히 옷을 설계하는 역할을 넘어서, AI가 분석한 데이터를 해석하고, 브랜드 전략에 통찰을 제공하는 전략 설계자로 진화해 간다. 과거에는 디자인 중심의 감성과 데이터 기반 전략이 충돌하는 것으로 여겼지만, 이제 디자이너는 고객을 이해하는 핵심 역할로 다시 조명되고 있다. AI 덕분에 디자이너는 반복적인 업무에서 벗어나 보다 창조적이고 가치 중심적인 작업에 집중할 수 있는 여건을 마련하게 된 것이다.

이제 AI는 디자이너가 외부에서 선택적으로 사용하는 단순한 도구가 아니다. 그것은 우리가 숨 쉬는 공기처럼 창작을 둘러싼 기본적인 환경이 됐다. 우리는 디지털 전환이라는 거대한 시대적 변화를 피할 수 없으며, 기술은 앞으로도 계속 진화할 것이다. 그렇다면 인간 역시 기술과 함께 공진화(共進化, co-evolution)해야 한다.

새로운 환경 속에서 디자이너는 기술 흐름에 수동적으로 적응하는 존재가 아니라, 기술을 해석하고 윤리적 방향을 설정하며, 인간과 기술의 관계를 재설계할 수 있는 창의적 주체가 돼야 한다. 크리에이티브 전문가들은 AI를 두려워하기보다, 그 안에서 자신의 역할을 어떻게 새롭게 정의하고 진화시킬지를 고민해야 한다. 통합과 인간 고유성 보존 사이에서 균형을 찾는 것이 미래의 조화로운 창작 환경을 만드는 핵심이 될 것이다. 이를 위해서는 인간과 AI 사이의 지속적인 학습과 협업 문화가 필요하다(Fenwick et al., 2024).

이 책은 바로 그 지점에서, AI라는 새로운 환경 속에서 인간 디자이너가 어떻게 공존할 수 있는지를 철학적, 실천적으로 탐색하려는 시도다.

이 책의 목표와 구성

이 책은 AI가 패션 디자인의 창작 과정과 산업 구조를 근본적으로 변화시키는 흐름을 이해하고 이에 대응하는 것이 미래 경쟁력을 좌우할 것이라는 인식에서 시작됐다. 따라서 이 책은 패션 디자인을 공부하는 학생, 디자이너, 관련 업계 종사자들이 AI가 패션 디자인에 미치는 영향과 협업 가능성을 이해하는 데 도움을 주고자 한다. 이를 위해 AI와 패션 디자인의 융합 현황과 가능성을 조망하고, 향후 변화 방향을 제시하고자 한다.

이 책은 패션 디자인 영역과 관련한 열 가지 주요 AI 이슈를 다룬다. 1장 'AI와 패션 디자인 협업'에서는 AI와 디자이너 간의 공동 창작 개념과 협업 방식을 살펴보고, 차별화된 창의성이 중요해지는 흐름 속에서 디자이너에게 요구되는 역량을 제시한다.

2장 'AI 트렌드 분석과 데이터 기반 패션 기획'은 패션 기획 단계에서 AI를 활용해 트렌드를 분석하고 상품 기획 전략을 수립하는 방식을 기존의 방식과 비교하면서 사례를 통해 설명한다.

3장 '생성 AI와 패션 디자인 개발'은 생성 AI 디자인 설루션의 원리와 그것이 창의적인 디자인을 어떻게 지원하는지를 다룬다. 스타일 시각화, 제품 조합 시뮬레이션, 맞춤형 제안 등 상품 개발 전반에 걸친 활용 사례를 중심으로 살펴본다.

4장 'AI를 활용한 패션 상품 제작'은 스마트 팩토리,

3D 시뮬레이션, 공급망 관리를 통해 생산과 유통의 효율화를 이룬 사례를 통해 AI의 실제 적용 방식을 설명한다.

5장 'AI와 패션 브랜딩'은 AI가 브랜드의 고유한 이미지를 형성하고 세계관을 구축하는 방식에 대해 살펴본다. 또한 초개인화 경험과 소비자와의 정서적 유대 형성 과정에서의 AI의 역할을 고찰한다.

6장 'AI와 버추얼 패션'은 AI 기반 버추얼 패션 디자인 프로세스와 NFT(Non-fungible token)를 통한 디지털 패션의 혁신을 다룬다. 이를 바탕으로 피지털 패션 경험, 버추얼 크리에이터라는 새로운 직업군의 등장을 조망한다.

7장 'AI를 활용한 패션 디자인 교육'은 패션 디자인 교육에서 AI 기술이 어떻게 활용되고 있으며, 어떤 교육적 변화를 불러왔는지 살펴본다. 아울러 주요 도전 과제와 미래 방향도 제시한다.

8장 'AI와 지속 가능 패션'은 환경, 경제, 사회, 문화적 측면에서 AI를 활용해 지속 가능 패션을 실천하는 방식과 사례를 다룬다.

9장 'AI 패션 디자인의 법적, 윤리적 쟁점'은 AI 기술의 발전이 초래하는 저작권 귀속, 데이터 편향, 투명성 등 새로운 법적 · 윤리적 쟁점을 살펴보고, 사회적 합의와 제도적 보완의 필요성을 논의한다.

10장 'AI와 패션 디자인의 미래 전망'은 디자인 산업의 글로벌화, 소비자 경험의 재가치화, 새로운 직무의 등장과 시스템 전환의 필요성, 인간의 정서적 · 사회적 지능의 중요성을 중심으로 AI와 패션 디자인의 미래 방향을 제시한다.

참고문헌

박병준(2014). "한나 아렌트의 인간관". 《철학논집》, 38, 9~38쪽.

박정한(2025.4.27). "AI, 인간 자리를 넘보다… '인문학'에 답 있다". 글로벌이코노믹. https://www.g-enews.com/article/Global-Biz/2025/04/202504261834159907fbbec65dfb_1

정연이(2024.7.23). "AI 창작시대, '인간다움'을 묻다". 디토앤디토. https://dito.fashion/Ditorian/?bmode=view&idx=49903375

Albishri, A. A. & Almisbahi, R. M.(2024). The role of artificial intelligence in fashion design. *Advances in Social Sciences Research Journal, 11*(8), pp.410~427.

Arendt, H.(1998). *The Human Condition.* The University of Chicago Press. 이진우 옮김(2019). 《인간의 조건》. 한길사.

Baron, N.S.(2023). *Who wrote this?.* Stanford University Press. 배동근 옮김(2025). 《쓰기의 미래》. 지학사.

BoF Studio(2024.3.28). Using AI to create customer-centric business strategies. The Business of Fashion. https://www.businessoffashion.com/articles/technology/using-ai-artificial-intelligence-to-create-customer-centric-

business-strategies-ekimetrics-sona-abaryan-interview/
Butler-Young, S.(2025.5.5). AI is coming for fashion's creative class. The Business of Fashion. https://www.businessoffashion.com/articles/workplace-talent/how-fashions-creative-class-can-fight-ai/
Cascella, M. et al.(2023). Evaluating the feasibility of ChatGPT in healthcare: An analysis of multiple clinical and research scenarios. *Journal of Medical Systems, 47*(1), pp.1~5.
Dasborough, M. T.(2023). Awe-inspiring advancements in AI: The impact of ChatGPT on the field of organizational behavior. *Journal of Organizational Behavior, 44*(2), pp.177~179.
Deng, J. et al.(2009). ImageNet: A large-scale hierarchical image database. *Proceedings of 2009 IEEE Conference on Computer Vision and Pattern Recognition*, pp.248~255.
Fenwick, A. et al.(2024). The critical role of HRM in AI-driven digital transformation: a paradigm shift to enable firms to move from AI implementation to human-centric adoption. *Discover Artificial Intelligence, 4*, 34.
Hamet, P. & Tremblay, J.(2017). Artificial intelligence in medicine. *Metabolism, 69*, S36~S40.
Jobe, N.(2024.2.8). How AI is 'amplifying creativity' in fashion. The Business of Fashion. https://www.businessoffashion.com/articles/technology/ai-fashion-london-fashion-week/
Kaplan, A. & Haenlein, M.(2019). Siri, Siri, in my hand: Who's the fairest in the land? On the interpretations, illustrations, and implications of artificial intelligence. *Business Horizons, 62*(1), pp.15~25.

Kurzweil, R.(2005). *The singularity is near.* Viking.
Shahriar, S.(2022). GAN computers generate arts? A survey on visual arts, music, and literary text generation using generative adversarial network. *Displays, 73*, 102237.

01
AI와 패션 디자인 협업

패션 디자인에서 AI와의 협업은 인간과 AI의 상호 보완적 강점을 결합해 보다 효율적이고 높은 수준의 창의적인 프로세스와 디자인을 도출하는 것을 목표로 한다. 이러한 협업은 차별화된 창의성의 중요성을 강조하며, 디자이너에게 더욱더 복합적이고 정교한 협업 능력 역량을 요구한다.

기후 위기와 인공지능?

AI와의 공동 창작

인간은 직관적 능력을 바탕으로 유연한 사고, 공감과 창의성, 데이터를 언어로 해석하는 능력, 그리고 상식과 지각, 이성을 조화시키는 데 강점을 지닌다. 또한 주로 단일 작업에 집중하고 복잡한 것보다는 단순한 것을 선호하는 성향을 보인다. 반면, AI는 정밀한 인식 능력, 확률 기반의 분석력과 일관성, 빠른 처리 속도, 다중 작업 수행 능력, 복잡한 문제 해결력, 그리고 지치지 않는 집중력에서 우수성을 발휘한다(정경희 · 이미숙, 2023). 이처럼 인간과 AI의 상호 보완적 강점을 통합함으로써 보다 효율적이고도 고도화된 업무 성과를 도출할 수 있다는 점에서 AI와의 협업 개발 및 운영은 점점 더 주목받고 있다.

레즈와나와 마헤르(Rezwana & Maher, 2024)가 제안한 공동 창작 AI의 개념적 모델(Co-Creative Framework, COFI)은 세 가지 유형으로 구분할 수 있다. 첫째, 창의성 모델(Creativity Model)은 AI가 창작 과정과 생성 결과물에서 제공하는 놀라움(surprise), 가치(value), 새로움(novelty)(Grace et al., 2015)의 기여 정도를 설명한다. 둘째, 상호 작용 모델(Interaction Model)은 AI에 대한 은유적 표현(AI metaphor), 협업자 간 커뮤니케이션의

질(Quality of Communication), 상호 작용 방식의 특성(Interaction Type)을 핵심 요소로 한다. 셋째, 유용성 모델(Utility Model)은 사용자가 AI와 상호 작용을 할 때 느끼는 유용성(Usefulness), 만족도(Satisfaction), 사용 용이성(Ease of Use)을 포함한다.

이 COFI 모델은 인간과 AI가 협업하는 다양한 작업 환경에 적용 가능하다. 공동 창작 방식은 인간과 AI가 동시에 작업하는 병렬형, 번갈아 작업하는 차례형, 동일한 작업을 함께 수행하거나 작업을 분담해 하위 과제를 각각 수행하는 방식 등을 포함한다. 또한 사전에 작업 순서가 설정된 계획형과 자발적으로 이루어지는 즉흥형, AI가 인간의 작업 방식이나 스타일을 모방하는 모방형과 독자적으로 반응하는 비모방형으로도 구분할 수 있다.

특히 인간과 AI 간의 커뮤니케이션은 협업, 조정, 의사 결정을 위한 핵심 요소다(Rezwana & Maher, 2024). 커뮤니케이션 방식에 따라 사용자가 글, 음성, 제스처 등을 통해 의도적으로 정보를 전달하는 의도적 커뮤니케이션과, AI가 사용자의 시선, 표정, 생체 신호 등 무의식적 행동이나 신체 반응을 분석해 감정, 선호, 관심도를 파악하는 비의도적(결과적) 커뮤니케이션으로 나눌 수 있다.

디자이너는 또한 AI와의 협업 과정에서 단순한 AI 사용자에서 나아가, AI를 교육하고, 동시에 AI를 규제한다(Shi et al., 2023). 교육 측면에서 디자이너는 AI가 디자인 관련 지식을 습득하고, 실제 디자인 작업을 수행할 수 있도록 훈련한다. 이를 위해 디자인 요소에 대한 설명을 포함한 텍스트 자료나 시각적 데이터 세트를 구축해 AI가 디자인 발상, 시각화, 제작 과정 전반을 학습할 수 있도록 지원한다.

규제 측면에서 디자이너는 자신의 워크 플로와 창작 의도에 맞게 AI의 역할과 수행 범위를 설정하고 조정한다. AI는 종종 디자이너의 기대를 벗어나거나 예측 불가능한 결과를 생성하기 때문에 디자이너는 반복적인 지침과 피드백을 통해 의도하는 결과를 도출하도록 학습시키고 제어하며 유도해야 한다.

AI와의 디자인 협업 프레임워크

AI가 디자이너와 협업하는 방식은 일반적으로 디자인 프로세스의 네 단계―아이디어 구상 및 구체화, 아이디어의 시각화 기반 발전, 디자인 발전, 최종 디자인 검증―로 구분해 살펴볼 수 있다(Jin et al., 2024; Shi et al., 2023). 시 등(Shi et al., 2023)은 이 네 단계를 '발견하기-

시각화-창작-테스트'로 명명한다. '발견하기'는 디자인의 맥락을 파악하고 이해하는 초기 단계로, 불분명하고 모호한 아이디어를 구체화하는 과정이다. '시각화'는 앞선 분석을 바탕으로 참고 자료를 수집하고 큐레이션하는 과정이다. 이 단계에서 AI는 브레인스토밍을 통해 아이디어를 확장하고, 디자이너가 미처 고려하지 못한 방향을 제안하며 융합적 사고를 자극한다. AI가 생성한 시각적 아이디어는 디자이너가 더 구체적이고 창의적인 디자인 접근을 구상하는 데 기초가 된다.

'창작'은 시각화 단계를 바탕으로 스케치, 스토리보드, 프로토타입 등 디자인 초안을 생성한다. 이 과정에서 디자이너가 AI와 함께 초안을 다듬고 섬세한 조정을 반복적으로 작업하며 디자이너와 AI 간의 협업이 집중적으로 이루어진다.

마지막 '테스트'는 디자인의 완성도를 점검하고 피드백을 수집하는 과정이다. 전통적으로 이 단계는 전문가 또는 소비자를 대상으로 그들의 반응과 의견을 수집하는 방식으로 이루어지며, 따라서 상당한 시간과 비용이 소요된다. 그러나 AI를 활용하면 시뮬레이션에 기반한 빠른 디자인 품질 평가나 소비자 반응 예측이 가능하다.

정경희 · 이미숙(2023)은 위 디자인 프로세스 단계를 패션 디자인 업무에 적용해 인간-AI 공동 창조(human-AI co-creation, 이하 HAIC) 순환 프로세스를 다음과 같이 다섯 단계로 제시하고 있다. 첫째, '의미론적 데이터 통합' 단계는 데이터를 탐색 · 분석 · 생성해 디자인 영감을 도출하고, 새로운 관점과 개념, 디자인 요소 활용 계획을 수립하는 단계다. 둘째, '시각적 관념화'는 도출된 디자인 영감을 무드보드, 실루엣, 소재, 컬러 등 시각적 요소로 구체화하는 단계다. 셋째, '디자인 창조 및 확장'은 시각적 관념화를 바탕으로 다양한 패션 디자인을 생성 · 변형 · 조정하는 반복적 작업 단계다. 넷째, '디자인 프레젠테이션'은 완성도 높은 디자인을 구현하고, 프로토타입 및 디지털 포트폴리오 제작을 지원하는 단계다. 다섯째, '설계 · 제조 설루션 및 사용자 경험 플랫폼 생성' 단계는 패션 디자인의 생산성과 지속 가능성을 높이고, 몰입형 체험을 제공하는 플랫폼을 통해 패션 디자인의 개인화, 혁신적 체험의 가치를 실현하는 단계다.

정리하면, AI는 분석과 시각화, 창작, 테스트 전 과정에 걸쳐 디자이너를 지원하고, 디자이너는 전체 디자인 프로세스를 계획하고 조율하는 큐레이터 또는 디렉터의 역할로 이동하고 있음을 알 수 있다.

AI와의 협업을 위한 디자이너의 요구 역량

AI가 디자인 작업에서 효율적인 조력자로 기능하는 것은 분명하지만, 그렇다고 해서 디자이너의 전문성이 덜 중요해졌다는 의미는 아니다. 오히려 차별화된 창의성의 중요성이 더 부각되며, 디자이너에게 한층 복합적이고 정교한 역량이 요구되고 있다. 특히 디지털 역량, 커뮤니케이션, 주도성, 기업가 정신, 문제 해결 능력 등에 해당하는 소프트 스킬은 AI 기반 협업 환경에서 핵심적인 경쟁력으로 작용한다(Jung & Suh, 2024).

AI와의 효과적인 협업을 위해 디자이너가 갖추어야 할 주요 역량은 다음과 같다.

첫째, AI 리터러시다. AI 리터러시는 비판적 사고를 바탕으로 AI를 수용하고 활용하는 능력을 의미한다(Long & Magerko, 2020). 디자이너는 AI를 통해 원하는 정보를 명확히 요청하고, 그 응답을 이해하며, 정보의 신뢰성과 적용 가능성을 판단할 수 있어야 한다(이진 · 오현정, 2024). 즉, AI와 원활하게 소통하고 협업하며, 정보를 비판적으로 해석할 수 있는 능력이 핵심이다.

둘째, 개념 공유와 인터페이스 은유에 대한 이해다. 디자이너와 AI는 디자인 관련 용어와 개념을 공유하고, AI 도구에서 사용되는 은유적 표현을 상호 이해할 수 있어야 한다. 이는 의사소통 오류를 줄이고 협업의 효율성을 높이는 데 필수적인 역량이다(Blackwell, 2006). 또한 AI의 창작 결과는 종종 우연성과 비예측성을 동반해 작업의 효율성을 떨어뜨릴 수 있다. 따라서 이를 제어하고 관리할 수 있는 사용자 지정 옵션과 AI의 맥락 인지 능력이 요구된다. 디자이너는 이를 위해 적절한 맥락을 설정하고 이를 프롬프트로 작성하며, 반복적인 선택과 판단에 따른 문제 해결력을 갖춰야 한다.

셋째, 주체적이고 비판적인 태도다. AI는 디자이너가 미처 떠올리지 못한 아이디어를 제시해 디자인 고착화에서 벗어나는 데 도움을 준다. 하지만 AI에 과도하게 의존하면 디자이너의 의도가 왜곡되거나 콘셉트의 일관성이 흐려질 수 있다. 따라서 최종 판단과 결정은 디자이너가 내려야 하며, 단지 시각적으로 아름답고 창의적인 결과물에 그치지 않고, 착용 가능성, 기능성, 생산 가능성 등 제품화 관점에서 디자인을 평가하고 결정할 책임이 있다.

넷째, 문화적 맥락과 감성적 뉘앙스를 시각 언어로 풀어내는 능력이다. 이는 인간 고유의 정성적 해석 능력으로, 창작물에 깊이와 감성을 부여한다. AI가 아이디어 생성의 속도나 양에서 우위를 보일 수는 있다. 그러나 타인의 감성을 섬세하게 감지하고 공감할 수 있는 능력이 사용자 중심 디자인을 수행하는 데 결정적인 역할을 한다는 연구(조성환 · 이길옥, 2025)가 보여 주듯, 인문학적 사고, 감성 분석 및 표현 능력, 윤리 의식, 공감 능력은 AI 시대 디자이너에게 필수적인 역량이다.

참고문헌

이진·오현정(2024). “생성형 AI의 기술적 특성과 사용자의 AI 리터러시가 생성형 AI의 지속사용의도에 미치는 영향”. 《한국광고홍보학보》, 26(3), 96~140쪽.

정경희·이미숙(2023). “패션 디자인에서의 인간-AI 공동창조(HAIC) 사례 연구”. 《패션비즈니스》, 27(4), 141~162쪽.

조성환·이길옥(2025). “생성형 AI와 제품 디자이너의 디자인 아이데이션 비교 연구: 창의성, 혁신성, 공감 능력을 중심으로”. 《디자인학연구》, 38(2), 485~502쪽.

Blackwell, A. F.(2006). The reification of metaphor as a design tool. *ACM Transactions on Computer-Human Interaction, 13*(4), pp.490~530.

Grace, K. et al.(2015). Data-intensive evaluation of design creativity using novelty, value, and surprise. *International Journal of Design Creativity and Innovation, 3*(3-4), pp.125~147.

Jin, Y. et al.(2024). Understanding fashion designers' behavior using generative AI for early-stage concept ideation and revision. *Archives of Design Research, 37*(3), pp.25~45.

Jung, D. & Suh, S.(2024). Enhancing soft skills through generative AI in sustainable fashion textile design education. *Sustainability, 16*(16), 6973.

Long, D. & Magerko, B.(2020). What is AI literacy? Competencies and design considerations. *Proceedings of the 2020 CHI Conference on Human Factors in Computing Systems*, pp.1~16.

Rezwana, J. & Maher, M. L.(2024). Designing creative AI partners with COFI: A framework for modeling interaction in human-AI co-creative systems. *ACM Transactions on Computer-Human Interaction, 30*(5), pp.1~28.

Shi, Y. et al.(2023). Understanding Design Collaboration Between Designers and Artificial Intelligence: A Systematic Literature Review. *Proceedings of the ACM on Human-Computer Interaction*, 7(CSCW2), 368.

02
AI 트렌드 분석과 데이터 기반 패션 기획

전통적인 패션 예측은 과거의 판매 데이터와 전문가의 직관에 의존해 왔으나, 빠르게 변화하는 소비자 행동과 새로운 트렌드를 실시간으로 포착하는 데에는 한계가 있었다. 오늘날 AI는 방대하고 노동 집약적인 이미지 데이터 분석 과정을 자동화함으로써 효율성을 높이고, 데이터 기반의 접근을 가능하게 한다. 이를 통해 패션 기업은 내부 데이터와 외부 데이터를 연결하여 시장 수요를 예측하고, 재고 관리를 최적화할 수 있다.

노래하는 AI 보컬?

데이터에서 트렌드를 읽는 메커니즘

패션은 정보 집약형 산업이다. 매우 짧은 시즌 주기와 예측 불가능한 소비자 기호의 변화라는 특성 때문이다. 이러한 특성으로 인해 패션 기획 단계에서 데이터 분석과 트렌드 예측은 매우 중요한 역할을 한다. 패션 기업들은 빠르게 변화하는 시장에서 경쟁 우위를 확보하기 위해, 데이터 분석과 AI 예측 기법을 전략적으로 통합하여 기획 프로세스를 혁신하고 있다.

AI를 활용한 패션 데이터를 읽고 트렌드를 예측하는 과정은 크게 세 단계로 나눌 수 있다. 정보 수집 단계에서는 AI가 트렌드 파악에 필요한 다양한 데이터를 실시간으로 수집한다. 여기에 포함되는 것은 인스타그램, 플리커(Flickr)와 같은 소셜 미디어의 스트리트 패션 사진, 보그(Vogue) 등 패션쇼 런웨이 이미지, 온라인 쇼핑몰의 상품 사진 등 이미지 데이터다(Chen et al., 2024). 또한 패션 블로그, 뉴스 기사, 상품 리뷰, 소셜 미디어 게시글에서 언급되는 스타일, 브랜드, 소재, 감성 등 텍스트 데이터와, 온라인 쇼핑몰의 실제 판매량이나 소비자 검색 기록과 같은 판매 및 검색 데이터와 같은 정량적 정보도 함께 수집된다.

분석 단계에서는 수집된 방대한 데이터를 AI가 이해

할 수 있는 '속성(attribute)' 단위로 세분화하여 분석한다. 예를 들어, AI는 한 사람의 옷차림을 단순히 '옷'으로 인식하는 것이 아니라, '상의는 크롭 기장의 브이넥 티셔츠, 하의는 와이드 핏 데님 팬츠, 패턴은 스트라이프'와 같이 세부 속성을 식별하고 분석한다. 이 과정에서 객체 감지(Object Detection) 알고리즘을 활용해 이미지 내의 의류나 액세서리 등 특정 객체를 인식하고 분류하며, 이미지 세분화(Image Segmentation) 기술을 통해 객체의 윤곽선을 파악한다. 이후 질감(textures), 직물(fabrics), 형태(shapes), 부분(parts), 스타일(style) 등의 범주로 데이터를 분류해 유의미한 통찰을 제공한다(Shi et al., 2021). 상품 이미지에서 자동으로 추출된 속성 정보는 SNS 인플루언서 데이터나 브랜드 상품 데이터와 결합되어, 의류 속성이 실시간으로 세분화되고 분석된다.

예측 단계에서는 분석된 속성 데이터를 통계적으로 처리하여 유의미한 패턴을 도출하고, 이를 바탕으로 미래를 예측한다. 예컨대, 특정 속성의 이미지 노출 빈도나 언급 횟수가 시간에 따라 어떻게 변화하는지를 분석하여, '떠오르는 트렌드'인지 '지는 트렌드'인지를 판단하는 인기도 추적이 이루어진다. 또한, 특정 패션 요소들이 함께 등장하는 '공존 관계(coexistence relationship)'

를 분석하기도 한다(Huang & Zhang, 2024). 예를 들어, AI는 '오버사이즈 블레이저'와 '와이드 팬츠'가 자주 함께 코디된다는 관계를 학습하고, 전자의 인기가 높아지면 후자의 인기도 높아질 것으로 예측할 수 있다.

이러한 예측을 가능하게 하는 대표적인 AI 기술은 다음과 같다.

컴퓨터 비전(Computer Vision): AI의 '눈' 역할을 하며, 컴퓨터가 사람처럼 이미지를 보고 이해하는 기술이다. 패션 이미지에서 아이템의 종류를 인식하고, 색상, 패턴, 소재 등의 세부 속성을 자동으로 추출하는 데 활용된다. Faster R-CNN과 같은 알고리즘이 대표적이다(Shi et al., 2021).

자연어 처리(Natural Language Processing, NLP): AI의 '언어 능력'으로, 컴퓨터가 인간의 언어를 이해하고 분석하는 기술이다. AI는 패션 기사나 상품 리뷰 텍스트에서 핵심 키워드를 추출하거나, 소비자의 감성을 파악하는 데 이 기술을 활용한다(Fan & Wang, 2024). 최근에는 챗GPT와 같은 거대 언어 모델(LLM)이 방대한 텍스트 데이터를 분석하여 소비자 기호를 예측하고 시장에 대한 심층적인 통찰을 제공한다.

시계열 예측 모델(Time-Series Forecasting Models):

AI의 '시간 감각'에 해당하는 기술로, 시간의 흐름에 따라 기록된 데이터를 분석하여 미래를 예측한다. 과거의 판매량이나 검색량 데이터를 학습한 후, 향후 수요 변화를 예측하는 데 사용된다. NN(순환 신경망)과 LSTM(장단기 메모리) 등이 대표적인 예다(Shi et al., 2021).

그래프 신경망(Graph Neural Networks, GNN): AI의 '관계 분석 능력'으로, 아이템, 사람, 정보 등 데이터 간의 복잡한 관계를 네트워크(그래프) 형태로 모델링하고 분석하는 기술이다. 패션 분야에서는 아이템 간 공존 관계나 특정 소비자 그룹과 스타일의 연관성을 분석하여 예측의 정밀도를 높이는 데 활용된다(Chen et al., 2024).

생성적 적대 신경망(Generative Adversarial Networks, GAN): AI의 '시각화 능력'으로, 생성자와 판별자라는 두 신경망이 경쟁하며 실제와 유사한 새로운 이미지나 디자인을 만들어 내는 기술이다. 이 기술은 예측된 트렌드를 바탕으로 미래의 디자인 콘셉트나 상품 이미지를 시각화하거나, 다양한 스타일과 패턴을 조합한 가상 샘플을 제작해 상품 기획 단계의 의사 결정을 지원한다.

데이터 기반 예측 메커니즘은 기존의 경험 중심 기법과 비교할 때, 재고 회전율과 비용 효율 측면에서 유의미한 개선을 이끌어 낸다. 다만, 데이터의 품질과 수집 범위에 따라 예측의 신뢰도는 크게 달라지므로, 정교한 데이터 거버넌스가 필수적이다.

AI 트렌드 분석 활용 현황

실제 현업에서는 이러한 데이터 전략을 기획 전반에 통합하려는 시도가 활발하게 이루어지고 있다. H&M, 자라, 아디다스, 루이비통, F&F, 이랜드, 신세계인터내셔날, 삼성물산 패션 부문 등 다수의 국내외 패션 기업이 AI를 적극적으로 활용하고 있다.

예를 들면, '센트릭 소프트웨어(Centric Software)'는 PLM(제품 수명 주기 관리) 분야에서 AI 모듈 '패션 인스피레이션(Fashion Inspiration)'을 도입하여, 키워드만으로 디자인 초안 이미지를 생성하는 기능을 제공한다(이종석, 2025). 삼성물산 패션 부문, F&F, 휠라홀딩스, 젠틀몬스터, MCM, 더일마, 콘크리트웍스 등 국내 주요 패션 브랜드들이 이 시스템을 도입하며 AI 활용 범위를 확대하고 있다. 국내 AI 기반 SaaS 설루션 '디자이노블(Designovel)'은 GAN 기술을 기반으로 소비자의 선호도가 높은 디자인과 패턴을 추출한다. 한섬, 신세계인터내셔날, 이랜드, 다수의 동대문 도매 브랜드가 디자이노

블과 협업을 시도한 바 있으며, 신상품 기획 속도 개선 및 비용 절감 효과를 확인했다(김주영, 2021). 또 다른 클라우드 서비스 '모풀(Mopul)'은 AI 시계열 예측 기술로, 수요 예측 및 업무 자동화를 지원한다(이종석, 2025). 이를 통해 물량과 상품 출고 시점 등에서의 기획 오차를 줄일 수 있다.

AI는 패션 산업 전반에 걸쳐 혁신적인 영향을 미치고 있으며, 의류 디자인부터 고객 선택 예측에 이르기까지 다양한 영역에서 새로운 기회를 창출하고 있다. 효율성과 통찰력을 제공하는 AI는 개인화된 쇼핑 경험, 디자인 프로세스 개선, 지속 가능성 향상 등을 통해 산업의 미래를 변화시킬 잠재력이 크다.

현재 대형 패션 기업들은 AI 설루션 도입 초기 단계에서 투자 수익률(Return on Investment, ROI) 검증을 우선시하며, 점차 활용 범위를 확대하는 추세다. 그러나 설루션을 기존 업무 프로세스에 맞게 재구성하지 않으면 기술 활용이 단발성에 그칠 수 있다.

직관을 보강하는 데이터의 힘

기술 중심 접근이 일반화되기 전에, 패션 기획은 디자이너와 머천다이저의 직관과 제한된 현장 경험에 의존해 이루어졌다. 이로 인해 출시 시점의 오차와 재고 불균형으로 막대한 비용 손실을 초래하기도 했다. AI는 이러한 공백을 메우고 예측 정확도를 높이며, 재고를 최적화하는 데 기여한다.

특히 AI는 사람의 눈으로는 파악하기 어려운 세부 사항을 발견하고, 실제 컬렉션 분석에서 75% 수준의 높은 예측 정확도를 보여 줌으로써 과잉 생산과 재고 문제를 줄이는 데 효과를 보인다(Shi et al. 2021). 이는 영업, 물류, 마케팅 전반의 효율화를 통해 업무 시간 단축과 상품 적중률 향상이라는 핵심적 효과로 이어진다.

자동화된 AI 기반 예측은 실시간 데이터를 활용하여 새로운 패턴을 지속적으로 식별하고, 수요 변화를 예측함으로써 빠르고 민첩한 대응을 가능하게 한다. 매일 업로드되는 수백만 장의 사진에서 날씨, 하위문화, 활동 등 다양한 요인을 해독해 향후 추세를 예측하는 강력한 도구로 기능한다. 예를 들어, 프랑스의 패션 기술 기업 휴리텍은 소셜 미디어 이미지를 분석하여, 패션 브랜드가 수요와 트렌드를 보다 정확하게 예측하고, 고객이 원하는 제품의 생산량을 늘리는 한편 판매되지 않는 제품의 비율을 줄이도록 지원한다. WGSN과 같은 글로벌 트렌드 정보 기업 역시 AI를 활용해 방대한 데이터를 분석하고, 기업에 '무엇을, 언제, 얼마나 투자할 것인가'에 대한 기획 정보를 제공한다(김혜경, 2023). 이들은 캣워크 이미지, 소매업체 데이터, 설문 조사, 소비자 검색 기록 등 다양한 데이터를 통합하여 트렌드를 추적하고 수요를 모니터링한다.

이와 같이 데이터가 제공하는 정량적 인사이트는 디자이너의 주관적 판단에 객관성을 더한다. 그러나 이러한 데이터 분석이 현장 경험과 결합되지 않는다면, 소비자 행동의 복합적 맥락을 온전히 반영하기 어렵다. 따라서 데이터와 직관의 균형 잡힌 통합 역량이 중요하다.

데이터와 직관의 통합을 넘어: 실행력과 신뢰의 과제

AI 기술이 패션 산업의 기획과 예측 방식에 혁신을 가져오고 있지만, 그 활용에는 윤리적 · 기술적 한계도 따른다. 먼저, AI 기반 모델이 부정확한 가정을 하거나 핵심 특징을 제대로 반영하지 못할 경우 예측 결과에 편향이 발생할 수 있다(Marti, 2023). 또한, 트렌드 예측을 위한 광범위한 데이터 수집은 소비자 프라이버시 침해의 소지를 안고 있으며, 예측의 속도가 과소비를 부추겨 지속가능성을 해칠 수 있다는 윤리적 비판도 제기된다

(Bowles & Wilson, 2024).

업계 관계자들은 하이엔드 브랜드와 SPA 브랜드 등 각 브랜드의 지향점에 따라 AI 기술의 선택과 집중이 필요하다고 말하며, 최종 결정은 여전히 인간이 주도해야 한다고 강조한다(이종석, 2025). AI는 전문가를 대체하기보다는, 창의성과 통찰력을 증강하는 '창의적 조력자'이자 '파트너'로서 기능해야 한다.

AI 예측 결과를 실제 업무에 적용하려면 단순한 기술 도입을 넘어, 조직 내 실행력을 강화하고 예측 신뢰도를 확보하는 전략이 필요하다. 예측의 정확성을 실제 의사결정에 반영하기 위해서는, 데이터 품질 관리와 내부 피드백 체계 구축이 핵심적이다.

참고문헌

김강화(2024.10.21). "'AI MD'는 성공할 수 있을까?". 패션인사이트. https://www.fi.co.kr/main/view.asp?idx=83830

김주영(2021.6.22). "새로운 패션 디자이너의 탄생, AI 디자이너". 윕뉴스. https://www.wip-news.com/news/articleView.html?idxno=7309

김혜경(2023.7.20). "패션 트렌드 예측, 이젠 AI로 하세요!". 디토앤디토. https://dito.fashion/Ditorian/?bmode=view&idx=15778855

손미영·윤남희(2025). "패션산업에서 인공지능의 활용 동향: 가치사슬 단계에 따른 접근". 《한국지역사회생활과학회지》, 36(1), 27~46쪽.

옴니어스(2021). "AI가 패션 트렌드 데이터를 읽는 방법". https://omnious.ai/blog/ko/ai-fashion-data-reading

이종석(2025.2.9). "패션 업계, AI 기술 활용은 어디까지". 어패럴뉴스. https://www.apparelnews.co.kr/news/news_view/?idx=215368&cat=

Amin, M. R. et al.(2024). Enhancing fashion forecasting accuracy through consumer data analytics: Insights from current literature. *Academic Journal on Business Administration, Innovation & Sustainability, 4*(2), pp.54~66.

Bowles, O. & Wilson, R.(2024). Artificial Intelligence and Trend Forecasting in the Fashion Industry: Ethical and Anticipated Ethical Issues. *4th International Conference on AI Research(ICAIR 2024)*, pp.75~81.

Chen, J. et al.(2024). GNNctd: A graph neural network based on complicated temporal dependencies modeling for fashion trend prediction. *Knowledge-Based Systems, 301*, 112309.

Fan, Y. & Wang, Y.(2024). Design and Development of Large Language Model Applied to Fashion Analysis. *Human Factors for Apparel and Textile Engineering, 134*, pp.85~94.

Huang, J. & Zhang, X.(2024). Application of fashion element trend prediction model integrating AM and EfficientNet-b7 models in art design. *Scalable Computing: Practice and Experience, 25*(4), pp.2756~2769.

Marti, P.(2023). Weaving Fashion with A.I.. *Fashion Highlight*, 2, pp.52~58.

Shi, M. et al.(2021). The exploration of Artificial Intelligence Application in Fashion Trend Forecasting. *Textile Research Journal, 91*(19–20), pp.2357~2386.

03
생성 AI와 패션 디자인 개발

생성 AI가 패션 디자인의 영역을 빠르게 재편하고 있다. 이는 단순히 새로운 디지털 도구의 등장을 넘어, 디자이너의 창의적 사고 과정과 결과물을 만들어 내는 방식 자체를 근본적으로 바꾸는 패러다임의 전환이다. 생성 AI는 기술적 원리를 바탕으로 디자인 개발의 각 단계에 도입되어, 디자이너의 창의성을 증폭하는 협업 파트너로 기능한다. 신속한 프로토타이핑부터 사실적인 시각화, 개인화된 제안까지, AI는 디자인 개발 과정의 실질적인 문제들을 해결하며 새로운 가능성의 문을 연다.

인공지능과 편향?

AI의 작동 메커니즘과 디자인 원리

생성형(Generative) AI는 패션 디자인 개발 과정에 깊숙이 통합되며 창작의 새로운 지평을 열고 있다. 이 기술의 핵심은 방대한 데이터를 학습해 새로운 결과물을 만드는 능력으로, 대표적인 기술로는 생성적 적대 신경망(GANs), 확산 모델(Diffusion Models), 변이형 오토인코더(Variational Autoencoder, VAE) 등이 있다. 특히 생성적 적대 신경망은 '제로섬 게임'에서 영감을 얻은 방식으로, 진짜 같은 가짜 이미지를 만드는 '생성자'와 이를 감별하는 '판별자'가 서로 경쟁하며 학습한다(Yan et al., 2023). 이 경쟁 과정의 목표는 생성자의 능력을 극대화하여, 최종적으로 판별자가 진짜와 가짜를 더 이상 구별하지 못하게 만드는 것이다.

생성 모델 중 스타일GAN2(StyleGAN2)는 복잡하고 섬세한 속성을 지닌 이미지를 생성하는 데 특히 뛰어나, 복잡한 니트 직물 디자인을 높은 품질로 생성하는 데 성공적으로 적용되었다(Wu & Li, 2024). 실제로 AI가 생성한 니트 이미지는 공장 기술자들이 물리적인 견본(swatch)으로 제작할 수 있을 만큼 구체적인 시각 정보를 담고 있어, 디자인 아이디어를 실물로 연결하는 강력한 다리 역할을 한다.

생성 AI는 시장 데이터와 트렌드를 분석해 디자인 방향성을 설정하고, '잠재 공간(latent space)'을 탐색하는 방식으로(Yan et al., 2023) 수많은 초기 아이디어 시안을 생성하여 디자이너의 창의적 발상을 돕는다. 선택된 아이디어는 렌더링 모듈을 통해 사실적인 가상 시제품으로 구체화되어 물리적 샘플 제작 비용을 절감하며, 가상 피팅이나 사용자 맞춤 기능으로 소비자 피드백을 빠르게 수렴해 최종 디자인을 완성한다. 이처럼 AI는 데이터 분석부터 아이디어 생성, 시제품 제작, 최종 검증에 이르기까지 디자이너의 창의적 판단을 보조하며 전통적인 작업 방식을 혁신한다.

결국 생성 AI를 디자인에 접목하는 것은 단순히 새로운 소프트웨어를 배우는 것 이상의 의미를 지닌다. AI의 작동 원리와 데이터 학습 방식을 이해하는 디자이너만이 기술의 한계를 명확히 인지하고, 예측 불가능한 결과물 속에서 창의적 기회를 포착하는 '의도된 우연'을 만들어 낼 수 있다. 이는 기술의 사용자를 넘어, 기술을 연출하는 디자이너의 역할로 확장된다.

AI 창작과 패션 디자이너 역할의 변화

생성 AI 패션 디자인의 효율은 구체적인 수치로 입증된다. AI를 활용한 지식 노동자는 과제 수행 속도가 25.1% 빨라졌으며, 결과물의 품질도 40% 이상 향상된 것으로 나타났다(Dell'Acqua et al., 2023). 원하연(2024)의 연구에 의하면 이러한 효율성 증가는 디자이너가 실패에 대한 부담 없이 더 대담한 창의적 실험에 집중할 수 있는 환경을 만든다.

또한 AI는 인간의 인지적 고착을 극복하도록 돕는다. 한 연구에서는 AI가 인간보다 상위 10%의 우수 아이디어를 도출할 확률이 7배 높은 것으로 나타났다(Meincke et al., 2024).

이러한 수치들이 보여 주듯, AI는 디자이너의 역할을 근본적으로 재정의한다. 과거 디자이너의 역량이 '창안'에 있었다면, 이제는 AI의 결과물 중 최적의 안을 선택하고 발전시키는 '디렉팅' 능력이 중요해지고 있다. AI와의 협업 방식은 업무를 명확히 나누는 '켄타우로스(Centaurs)' 방식과 작업 과정을 긴밀히 통합하는 '사이보그(Cyborgs)' 방식으로 나뉜다. 전자는 데이터 분석처럼 인간이 강점을 가진 영역과 초안 작성처럼 AI가 효과적인 영역을 구분하여 역할을 분담하는 전략이며, 후자는 문장 단위의 수정이나 아이디어의 실시간 보완 등 작업의 세부 단계 전반에 걸쳐 인간과 AI가 긴밀히 상호 작용하는 방식이다(Dell'Acqua et al., 2023).

어떤 협업 방식을 택하든, AI의 잠재력은 그것을 이끄는 디자이너의 명확한 지시에 달려 있다. 따라서 생성 AI 시대의 핵심 역량은 AI에 올바른 '질문'을 던지는 능력이다. 창의성의 모든 과정은 디자이너가 어떤 데이터를 학습시켜 AI의 방향을 설정하고, 어떤 키워드로 영감을 끌어낼지 기획하는 것에서 시작된다. 나아가 AI가 생성한 무수한 가능성 속에서 최적의 결과물을 선별하고 자신만의 미학으로 발전시키는 것은 온전히 디자이너의 몫이다. 최종 결과물의 독창성과 완성도는 AI의 기술력이 아닌, 이 과정을 주도하는 디자이너의 안목과 통찰력에 의해 좌우되기 때문이다.

AI 기반 패션 디자인 개발의 실제

이미지 생성 AI는 디자인 교육 여부와 상관없이, 누구나 빠르게 아이디어를 시각화하고 실험할 수 있는 환경을 제공한다. 예를 들어, 2023년 뉴욕에서 열린 'AI 패션 위크(AI Fashion Week)'에서는 다양한 배경의 참가자들이 미드저니(Midjourney) 등의 생성형 AI를 활용해 가상 컬렉션을 기획하고 시각화했다. AI는 스타일 아이디어, 소재 조합, 컬러 팔레트 등 수많은 변주를 빠르게 생성하며, 기획자와 사용자 모두에게 새로운 창작 실험 환경을 열어 준다. 이는 디자이너의 역할을 '제작자'에서 '기획자-선택자'로 전환하며, 패션 디자인 초기 단계에서의 의사 결정과 콘셉트 방향성 설정에 AI가 효과적으로 개입할 수 있음을 보여 준다.

또한 생성 AI는 패션 기업이 실제 디자인 개발 과정에서 창의적 한계를 넘어서는 데에도 적극 활용되고 있다. 이는 단순히 반복 작업을 자동화하는 수준을 넘어, 새로운 미학을 탐색하고 브랜드 유산을 재해석하는 핵심 동력으로 작용한다.

이러한 흐름은 생성 AI를 실무에 도입한 여러 브랜드의 사례에서 확인된다. 예컨대 지스타로(G-STAR RAW)의 디자인 팀은 미드저니를 활용해 12개의 콘셉트를 생성하고, 그중 하나를 선택해 실제 프리미엄 데님 케이프로 제작했다(유재부, 2023). 이들은 AI가 제시한 초현실적 상상력과 인간만이 구현할 수 있는 '장인 정신'을 결합해 기술과 인간의 협업 가능성을 보여 주었다.

스웨덴 패션 브랜드 아크네 스튜디오(Acne Studios)는 AI 아티스트 로비 바라트(Robbie Barrat)와 협업하여 2020년 F/W 남성복 컬렉션을 선보인 바 있다. 브랜드 아카이브를 학습한 AI가 생성한 불완전하고 왜곡된 이미지를 컬렉션에 의도적으로 재현해 초현실적인 의상으로 완성했다(Franzo et al., 2024).

AI의 '실수'를 디자인 요소로 활용한 대표 사례는 노마 카말리(Norma Kamali)다. 그녀는 자사의 57년 아카이브를 기반으로 한 맞춤형 AI 모델을 '두뇌를 다운로드하는 도구'로 삼아 적극 활용한다. AI를 통해 과거의 디자인을 재해석하고 새로운 버전의 패션 아이템을 생성하는 것은 물론, AI가 일으키는 환각(Hallucination) 현상을 미학적 영감으로 사용하기도 한다. AI가 생성한 왜곡과 결함을 수정하지 않고 그대로 활용하여, '패션 환각(Fashion Hallucinations)'이라는 설치 작품으로 제시했다(Bain, 2024).

생성 AI는 정답을 제공하는 해결사라기보다, 디자이너의 창의성을 자극하고 확장하는 도구로 작용한다. AI가 제시하는 무한에 가까운 시각적 변주 속에서 디자이너는 자신의 미적 기준과 창작 관점을 세우고, 시대적 요구와 연결하여 새로운 미학을 탐색하게 된다.

AI와 디자이너의 협업은, 인간의 상상력과 기술의 연산 능력이 어떻게 조화를 이룰 수 있을지를 묻는다. 창작의 주도권을 누구에게 맡길 것인지, 그리고 어떤 가치에 기반해 그 조화를 설계할 것인지는 결국 디자이너의 몫이다. 기술은 방향을 제시할 수 없으며, 미래를 상상하는 일은 여전히 인간의 역할이다.

참고문헌

원하연(2024). "디자인 아이데이션 스케치 과정에서 AI의 활용이 디자이너의 창의성에 미치는 영향". 《디자인리서치》, 9(4), 75~86쪽.

유재부(2023.3.30). "지스타로우, AI가 디자인한 데님 의류 생산". 패션인사이트. https://fi.co.kr/mobile/view.asp?SectionStr=Main&idx=78706

Adeleye, I. O.(2024). The impact of artificial intelligence on design: Enhancing creativity and efficiency. *Journal of Engineering and Applied Sciences, 3*(1), pp.1~13.

Bain, M.(2024.10.2). After months of designing with AI, Norma Kamali isn't looking back. The Business of Fashion. https://www.businessoffashion.com/articles/technology/after-months-of-designing-with-ai-norma-kamali-isnt-looking-back/

Dell'Acqua, F. et al.(2023). Navigating the jagged technological frontier: Field experimental evidence of the effects of AI on knowledge worker productivity and quality(Working Paper 24-013). Harvard Business School.

Franzo, P. et al.(2024). Co-Designing Fashion with AI in the Phygital Scenario. *Convergencias: Revista de Investigacao e Ensino das Artes, 17*(34), pp.79~90.

Lee, G. & Kim, H.-Y.(2024). Human vs. AI: The battle for

authenticity in fashion design and consumer response. *Journal of Retailing and Consumer Services, 77,* 103690.

Meincke, L. et al.(2024). Using large language models for idea generation in innovation. The Wharton School, University of Pennsylvania.

Wu, X. & Li, L.(2024). An application of generative AI for knitted textile design in fashion. *The Design Journal, 27*(2), pp.270~290.

Yan, H. et al.(2023). Toward intelligent design: An AI-based fashion designer using generative adversarial networks aided by sketch and rendering generators. *IEEE Transactions on Multimedia, 25,* pp.2323~2338.

04
AI를 활용한 패션 상품 제작

패션 산업의 전통적인 생산 방식은 디지털 전환의 흐름 속에서 근본적인 변화를 겪고 있다. 과거에는 대량 생산과 비용 절감이 최우선 과제였다면, 이제는 급변하는 소비자 요구에 민첩하게 대응하고 정확히 공급하는 능력이 기업의 생존을 결정짓는다. 이러한 패러다임 전환의 중심에는 AI가 있다. AI는 가상 시뮬레이션을 통해 시제품 제작의 낭비를 줄이고, 스마트 팩토리에서는 생산성과 품질을 극대화하며, 데이터 기반 공급망 관리로 재고를 최적화하는 등 제작 전 과정에 걸쳐 혁신을 이끌고 있다.

청각장애인과 AI?

AI, 가상과 현실을 잇는 시제품 제작

패션 상품 제작의 출발점은 아이디어를 실물로 구현하는 시제품, 즉 샘플 제작이다. 전통적인 방식은 반복적인 수정과 재제작으로 시간과 자원의 낭비를 초래했으나, AI 기술은 이 과정을 근본적으로 혁신하고 있다. 핵심은 AI가 물리적으로 정밀한 3D 가상 샘플을 구현하고, 이를 양산 공정과 직접 연결하는 데 있다.

AI는 단순히 디자인을 3D로 시각화하는 수준을 넘어, 원단의 무게, 질감, 신축성 등 복잡한 물리적 특성을 가상 공간에서 정밀하게 시뮬레이션한다. AI 알고리즘은 실제 원단 데이터를 학습해 가상 샘플이 실제 의류처럼 자연스럽게 움직이고 보이도록 구현한다. 이를 통해 디자이너와 바이어는 컴퓨터 화면에서 옷의 핏, 드레이프, 문제점을 즉시 파악하고 수정할 수 있다.

세정의 '올리비아로렌'은 이러한 3D 제작 시스템을 여성복에 선도적으로 도입해 샘플링 리드 타임을 3분의 1로 단축했다. 그 결과, 불필요한 샘플 제작 횟수를 최대 80%까지 줄이는 성과를 거두었다(조은혜, 2022). 이러한 사례는 가상 샘플이 실제 생산 공정에 직접 활용될 수 있을 만큼 높은 정밀도를 갖추었음을 시사한다.

코오롱의 '헤드' 역시 '버추얼 디자인실'을 중심으로 모든 의류를 3D로 디자인함으로써(황연희, 2023), 실물 제작 없이도 신속하고 정확한 품평과 의사 결정이 가능해졌다.

더 나아가, 완성된 3D 가상 샘플의 데이터는 단순한 이미지가 아니라 제품 양산을 위한 '디지털 설계도'로 기능한다. 가상 샘플에서 추출된 패턴 데이터는 자동 재단기로 전송되며, 봉제 순서와 방식은 스마트 팩토리의 생산 라인과 연동될 수 있다. 한세실업은 버추얼 디자인(VD)팀을 통해 100% 가상 샘플만으로 바이어의 생산 승인을 받기도 한다(한국섬유산업연합회, 2025). AI를 활용한 샘플 제작은 단순한 실물 검토용 시제품이 아니라, 반복 가능한 수정과 공정 설계가 가능한 디지털 기반 설계물로 진화하고 있다. 이러한 변화 속에서 샘플은 점차 디자인과 양산을 연결하는 디지털 자산, 곧 '제품의 디지털 트윈'으로 기능하게 된 것이다.

지능형 생산 자동화와 품질 관리

AI는 시제품 단계를 넘어 실제 양산이 이루어지는 공장 현장까지 고도화하고 있다. AI 기반 스마트 팩토리는 과거 단순 자동화로 사람의 반복 작업을 대체하던 수준에서, 이제는 AI가 공정을 실시간 분석하고 스스로 최적의 결정을 내리는 '자율 공장'으로 진화하고 있다(한국섬유산업연합회, 2025).

품질 관리는 AI가 가장 두드러진 성과를 보이는 분야다. 포르투갈 스타트업 스마텍스는 카메라와 AI 비전 기술을 활용해 편직 과정 중 발생하는 원단의 미세한 결함을 실시간으로 감지하는 설루션을 개발했다(장웅순, 2025). 이는 육안 검사 방식의 한계를 극복하며 생산 효율을 높이고 원단 낭비를 획기적으로 줄여, H&M과 아마존 등으로부터 투자를 유치하는 성과로 이어졌다.

생산 공정 관리 역시 AI를 통해 지능화되고 있다. 글로벌 의류 수출 기업 한세실업은 자체 개발한 스마트 팩토리 시스템 '햄스(HAMS)'를 해외 20개 생산 법인에 도입했다. 햄스는 제품 생산의 모든 흐름을 데이터화해 전 공장의 가동 현황을 실시간으로 모니터링하며, 생산성은 15% 이상 향상되고 불량률은 0.0125% 수준까지 낮아졌다. 홀가먼트 니트 전문업체 아이디모드는 IoT(사물인터넷) 센서와 디지털 트윈 기술을 활용해 실시간 공정 모니터링 시스템을 구축했으며, 설비 가동률 24.8% 증가, 공정 불량률 55.7% 감소라는 가시적 효과를 입증했다(한국섬유산업연합회, 2025).

이러한 생산 공정의 자동화는 원단 인쇄나 마감 등 후

공정에도 확장되고 있으며, 디지털 텍스타일 프린팅(DTP) 기술과 결합해 더 큰 시너지를 창출한다. DTP는 AI의 수요 예측에 기반해 필요한 만큼만 빠르게 원단을 인쇄하는 반응 생산(reactive production)을 가능하게 하여, 생산 거점을 소비지 근처로 이전하는 니어쇼어링(Near-shoring)을 실현하는 핵심 도구가 된다(정인기, 2025; 한국섬유산업연합회, 2025).

이처럼 스마트 팩토리의 진정한 가치는 개별 공정의 자동화를 넘어, 공장 전체가 스스로 판단하고 조율하는 '지능형 생산 생태계'로 진화하는 데 있다. 인간이 경험으로 문제 발생 이후에 대응한다면, AI는 데이터를 통해 사전에 문제를 예방하며 생산 현장을 노동의 공간에서 최적화의 공간으로 전환하고 있다.

데이터 기반 공급망 관리

스마트 팩토리 수준의 생산 자동화가 정착된 이후, 패션 산업의 다음 과제로 떠오른 것은 전체 공급망의 효율적 운영이다.

패션 산업은 급변하는 소비자 수요에 맞춰, 제품을 적시에 적정 수량으로 제공하는 '정밀 공급(Accurate Production System)'을 지향하고 있다. 그러나 이러한 목표는 유통 과정의 복잡성과 수요 예측의 불확실성으로 인해 쉽게 실현되지 않는다. 특히 '채찍 효과(Bullwhip Effect)'라 불리는 현상은 최종 소비자의 수요 변동이 공급망 상류로 갈수록 증폭되어 재고 과잉과 공급 지연을 초래하며(김혜경, 2023), 비용 구조 전반에 부담을 가중한다.

AI 기반 수요 예측 기술은 이러한 공급망의 불균형을 해결하는 핵심 도구가 될 수 있다. 글로벌 패션 브랜드 H&M은 소셜 미디어 트렌드와 실시간 판매 데이터를 통합 분석하여 수요를 예측하고, 이에 따라 재고를 조정함으로써 낭비를 줄이고 지속 가능성을 높이고 있다(한정아, 2024). AI는 과거와 현재의 데이터를 기반으로 미래의 수요 흐름을 모델링함으로써, 패션 기업이 적정 생산량을 설정하고 물류 시점을 최적화할 수 있도록 지원한다.

AI 기반 수요 예측과 더불어, 실시간 재고 추적을 가능하게 하는 RFID(Radio Frequency Identification) 기술은 공급망 자동화의 핵심 도구로 부상하고 있다. RFID 태그는 제품 입고부터 판매까지의 모든 흐름을 디지털화하여 재고 수준을 실시간으로 파악하게 해 준다. 이를 통해 자동 보충 시스템을 구축하거나, 품절 및 과잉 생산을 사전에 방지할 수 있다. 유통 대기업 월마트는 RFID 기술을 조기에 도입하여 재고 부족을 16% 감소시켰으며, 해당 기술을 적용한 매장은 대조군보다 재고 보충 속도가 63% 더 빨랐다. 갭(GAP)과 아메리칸 어패럴도 RFID 도입을 통해 매출 증가와 함께 주당 60~80시간의 노동력을 절감한 바 있다(Singh et al., 2024).

이처럼 AI는 예측 중심의 고정 생산 구조를 넘어, 실시간 수요를 반영하는 민첩한 생산 체제로의 전환을 가능하게 한다. 수요 분석과 재고 추적, 자동 보충이라는 복합적 기능을 통해 공급망 전반의 효율성을 획기적으로 향상하는 것이다. AI는 공급망 전반의 흐름을 실시간으로 연결하고 제어하는 시스템의 중심축으로 작동한다. 이는 결국 패션 산업이 더욱 지속 가능하고 유연한 방식으로 미래를 설계할 수 있는 기반을 마련한다.

미래 과제와 생태적 지위

AI는 패션 상품 제작의 패러다임을 변화시키고 있지만, 해결해야 할 과제도 여전히 존재한다. 많은 기업 경영자들이 AI의 필요성에는 공감하면서도 "어디서부터 어떻게 도입해야 할지 막막하다"라고 토로하는 것처럼(정인기, 2025), 높은 초기 투자 비용, 양질의 데이터 확보 및 표준화 문제, 그리고 변화에 대한 조직 문화의 저항은 여전히 큰 장벽으로 작용하고 있다(Kumar et al., 2024; 김혜경, 2023).

궁극적으로 AI 기술은 인간 노동을 대체하는 것이 아니라, 디자이너와 생산 관리자의 의사 결정을 지원하는 강력한 조력자로 자리매김해야 한다. 이를 위해 기존 인력의 재교육은 물론, 데이터를 이해하고 AI와 협업할 수 있는 'AI 오퍼레이터'와 같은 새로운 직무 전문가의 양성이 필요하다(한국섬유산업연합회, 2025).

기술은 브랜드의 본질을 효과적으로 전달하기 위한 수단이며, AI 시대의 진정한 도전은 기술 그 자체가 아니라 조직과 문화의 혁신에 있다. 정인기(2025)는 AI를 통한 공급망 혁신의 궁극적 지향점은 단순한 효율성 개선이 아니라, 브랜드 고유의 본질적 가치와 철학을 기반으로 소비자와 깊이 공감하고 자발적 지지를 이끌어 내는 '생태적 지위(Ecological Niche)'를 확보하는 데 있다고 지적했다.

AI는 이제 제조 공정의 효율을 높이는 도구를 넘어, 생산 시스템 전체를 유연하게 조율하는 전략적 기술로 진화하고 있다. 그러나 그 진화의 성패는 기술 자체보다, 이를 받아들이고 실행에 옮길 수 있는 조직의 문화와 구조에 달려 있다. 결국 AI는 단순한 자동화 기제가 아니라, 조직이 어떤 방향으로 나아갈 것인지, 어떤 철학을 구현할 것인지를 묻는 거울이자 실천의 플랫폼이 된다.

이러한 변화는 단순한 기술 채택을 넘어, 기술을 조직에 효과적으로 통합하고 지속 가능한 방식으로 내재화하는 전략적 운용 역량의 중요성을 강조한다. 기술을 받아들이는 태도와 그에 반응하는 조직의 학습 역량이, 패션 산업의 미래를 좌우하게 될 것이다.

참고문헌

김혜경(2023.12.13). "패션 공급망 '채찍 효과' AI가 감지". 디토앤디토. https://dito.fashion/Ditorian/?bmode=view&idx=17247297

장웅순(2025.5.21). "AI로 결함 잡고 낭비 줄인다". TIN뉴스. https://www.tinnews.co.kr/28682

정인기(2025.6.23). "[DX] 패션 공급망 DX와 생태적 지위". 디토앤디토. https://dito.fashion/IssuePeople/?idx=165958321&bmode=view

조은혜(2022.3.15). "'올리비아로렌' 3D 제작 시스템 도입". 어패럴뉴스. https://m.apparelnews.co.kr/news/news_view_amp/?idx=196258

한정아(2024). "생성형 AI와 패션 산업의 변화". 《한국정보통신학회논문지》, 28(7), 850~858쪽.

한국섬유산업연합회(2025). 《DX MADE》, 5.

황연희(2023.9.17). "70년 전통의 '헤드', DX 브랜드로 재탄생… 핵심은 '3D 패션'". 디토앤디토. https://dito.fashion/IssuePeople/?bmode=view&idx=16369801

Khan, Z. H. et al.(2023). Technology-Driven Supply Chain Management in Readymade Garments: A Literature Review. *International Supply Chain Technology Journal, 9*(5), pp.1~10.

Kumar, T. S. et al.(2024). AI in Textiles: A Review of Emerging Trends and Applications. *International Journal for Research in Applied Science and Engineering Technology(IJRASET), 12*(9), pp.1663~1678.

Singh, A. et al.(2024). RFID Technology Implication in the Apparel Industry. *International Journal for Multidisciplinary Research(IJFMR), 6*(2), pp.1~9.

05

AI와 패션 브랜딩

패션 브랜딩 영역에서 AI는 브랜드 정체성을 시각적으로 구현하고, 고객 경험을 개인화하며, 정서적 유대를 형성하는 혁신적 파트너로 자리매김하고 있다. AI는 이제 패션 디자이너의 뮤즈이자 개인 컨설턴트로, 나아가 산업 혁신의 핵심 동력으로 작용한다. AI 기술은 브랜드와 고객의 관계, 정체성 표현 방식, 비즈니스 운영 전반에 이르기까지 패션 산업의 지형을 근본적으로 변화시키고 있다.

AI 콘텐츠 크리에이터?

AI를 활용한 브랜드 세계관 구축

생성형(Generative) AI는 브랜드가 추구하는 추상적 개념과 아이디어를 독창적인 시각 언어로 변환하는 강력한 도구로 부상하고 있다. 전통적 방식으로는 수개월이 소요되던 BI 작업을 프롬프트 입력만으로 단 몇 분 만에 생성해 낸다. 브랜드의 철학을 담은 과감하고 초현실적인 이미지를 손쉽게 표현할 수 있다. 이러한 기술은 브랜드가 고유한 세계관을 구축하고, 소비자에게 일관된 메시지를 전달하는 데 매우 유용하다.

이탈리아 럭셔리 브랜드 에트로(Etro)는 2024년 봄 캠페인에서 AI를 활용한 광고 이미지의 가능성을 적극적으로 실험했다. 'Nowhere'라는 컬렉션 타이틀처럼, 특정 장소에 얽매이지 않는 상상의 공간을 구현하기 위해 디지털 아티스트와 협업하여 모델과 배경 이미지를 모두 AI로 생성했다(Salibian, 2024). 그 결과, 파스텔 톤의 환상적인 건축물과 무성한 자연 풍경이 어우러진 브랜드의 창의적 비전을 담은 독창적 비주얼이 탄생했다. 이는 인간의 창의성과 AI 기술력이 결합해 브랜드의 상상력을 상업적 이미지로 구현한 대표적 사례다.

스페인 브랜드 망고(Mango) 역시 광고 캠페인에 AI를 활용하며, 인간과 AI의 협업이 창의성과 효율성 측면에서 강력한 시너지를 낼 수 있음을 보여 주었다(Cronin, 2024). 생성형 AI는 브랜드 세계관 구축에서 무한한 창의 가능성과 압도적 효율성을 동시에 제공한다. 이를 통해 브랜드는 감각적 이미지 그 이상을 넘어, 자신만의 철학과 비전을 시각적으로 설계하는 능력을 갖추게 된다.

AI 모델과 브랜드 페르소나

AI를 활용해 브랜드 정체성을 표현하는 또 하나의 축은 가상 모델이다. AI 모델은 단순히 인간 모델을 대체하는 것을 넘어, 브랜드가 원하는 이미지와 페르소나를 정밀하게 제어할 수 있는 새로운 캔버스가 된다.

글로벌 패션 브랜드 H&M은 2025년, 실제 모델 30여 명을 기반으로 한 '디지털 트윈' 제작 계획을 발표하며 패션계에 큰 반향을 일으켰다(오기쁨, 2025). 이 프로젝트의 핵심은 모델이 자신의 디지털 초상에 대한 권리를 직접 소유하고, H&M이 그 사용에 대해 정당한 대가를 지불하는 새로운 협업 모델을 제시했다는 점이다. 이는 AI 도입 과정에서 발생할 수 있는 초상권 및 일자리 문제에 대한 H&M의 '인간 중심적 접근 방식'을 보여 준다.

물론 AI 모델 도입이 항상 순탄했던 것은 아니다. 데님 브랜드 리바이스(Levi's)는 2023년, AI 모델 생성 스튜디오 라라랜드ai(Lalaland.ai)와 협력해 다양한 체형과 인종의 모델을 선보이며 쇼핑 경험의 다양성을 높이는 테스트를 진행했다. 그러나 인간 모델을 대체하려 한다는 비판이 제기되면서, AI 모델은 인간 모델을 '보완'하는 수단이며 다양성을 확대하기 위한 것이라는 입장으로 수정해야 했다(Marr, 2023). 이러한 사례는 AI 모델이 브랜드 정체성을 효과적으로 표현하면서도, 윤리적 문제를 신중하게 다루어야 함을 시사한다.

이처럼 AI 모델은 브랜드의 정체성을 시각적으로 구현하는 데 그치지 않고, 커뮤니케이션 전략 전반을 재구성하는 데 기여한다. 그동안에는 시즌 캠페인마다 모델 섭외, 촬영, 스타일링 등의 요소가 반복적으로 소요되었지만, AI 모델을 활용하면 물리적 제약 없이 일관된 페르소나를 유지하며 다양한 플랫폼에서 메시지를 전달할 수 있다. 이는 브랜드의 시각 언어를 통합하고, 소비자와의 접점을 전략적으로 확장하는 데 유리한 조건을 제공한다. 특히 SNS, 웹사이트, 디지털 광고 등 다양한 채널에서 동일한 모델이 일관된 감성과 표정을 유지할 수 있다는 점은, 브랜드가 추구하는 세계관과 가치를 더욱 명확하게 각인시키는 효과를 낳는다. 이러한 일관성은 소비자에게 브랜드의 '진정성'을 설득력 있게 전달하고, 반복 노출을 통해 정서적 유대를 강화하는 기반이 된다.

궁극적으로 AI 모델은 브랜드가 '무엇을 표현할 것인가'보다 '어떻게 관계를 형성할 것인가'를 고민하게 만든다. 기술은 단순한 효율성의 도구가 아니라, 브랜드와 고객 사이의 지속적인 커뮤니케이션을 설계하는 창의적 파트너가 될 수 있다. 따라서 브랜드의 전략은 기술의 도입 여부가 아니라, 그것을 통해 전달하고자 하는 고유한 철학과 가치에 초점을 맞춰야 한다.

데이터 기반의 초개인화 경험

AI는 브랜드의 시각적 세계관을 설계할 뿐 아니라, 고객 데이터를 분석해 개인 맞춤형 경험을 제공하는 '초개인화(Hyper-personalization)'의 핵심 도구로 작용한다. 초개인화란 고객의 구매 이력, 검색 기록, 선호 스타일 등 방대한 데이터를 실시간으로 분석해, 마치 개인 전담 스타일리스트처럼 맞춤형 서비스를 제공하는 것을 말한다.

이는 특히 자신만의 개성과 가치를 중시하는 Z세대 소비자와의 관계에서 브랜드 신뢰(brand trust)를 구축하는 데 결정적인 영향을 미친다(Guerra-Tamez et al.,

2024). AI 노출 빈도, AI에 대한 태도, AI 정확성에 대한 인식은 브랜드 신뢰에 유의미한 영향을 미치며, 이는 곧 구매 결정으로 이어지는 선순환 구조를 만든다.

이러한 초개인화는 최상위 고객(VVIC, Very Very Important Client)에게만 제공되던 극도로 개인화된 '화이트 글러브(white-glove)' 서비스를 보다 넓은 고객층(VIC, Very Important Client)으로 확장할 수 있는 길을 열었다(Agrawal et al., 2025). 럭셔리 브랜드들은 오랫동안 소수의 VVIC에게 집중적인 맞춤 서비스를 제공해 왔지만, 이를 모든 중요 고객에게 적용하는 데는 현실적인 한계가 있었다. 그러나 AI는 이러한 한계를 극복하게 한다.

보스턴컨설팅그룹(BCG)은 AI가 고객의 과거 구매 이력, 선호도, 기념일과 같은 개인 정보를 종합한 '제도적 기억(institutional memory)'을 바탕으로 판매 사원에게 '초인적(superhuman)' 역량을 부여할 수 있다고 분석했다. AI는 고객이 매장을 방문했을 때 가장 관련성 높은 정보를 실시간으로 제공하고, 맞춤형 커뮤니케이션 초안을 작성해 주며, 후속 조치까지 제안한다. 그 과정을 거쳐 판매 사원은 더 많은 고객에게 깊이 있고 의미 있는 고객 경험을 선사할 수 있다. 결과적으로 이는 브랜드에 대한 고객 만족도와 충성도를 극대화한다. 또한 2025년 기준, 럭셔리 고객의 56%가 쇼핑 경험에 만족하지 못한다는 조사 결과는 AI 기반 초개인화 서비스 도입이 시급함을 보여 준다(Agrawal et al., 2025). 이 점은 고객 만족도와 충성도를 극대화하려는 브랜드 전략에 AI 활용의 필요성을 더욱 뚜렷하게 뒷받침한다.

데이터 기반 초개인화는 대중을 향한 일방향적 메시지를 넘어, 개별 소비자와의 정밀한 맞춤 소통으로 브랜딩의 방식 자체를 바꾸고 있다. AI는 단순히 고객의 다음 행동을 예측하는 것을 넘어, 고객 스스로도 인식하지 못한 욕망을 먼저 제안하는 '예지적 브랜딩'의 시대를 열고 있다. 이를 통해 브랜드는 단순한 상품 판매자를 넘어, 고객의 라이프 스타일에 깊이 관여하는 신뢰의 파트너로 거듭날 수 있다.

AI 챗봇을 통한 관계 브랜딩과 미래

이 같은 초개인화 전략은 브랜드와 고객 사이의 관계를 일회성 경험이 아닌 지속적 상호 작용의 접점으로 확장하고 있다. 특히 최근에는 단순한 맞춤형 추천을 넘어, 고객과 실시간으로 소통하며 정서적 유대를 형성하려는 시도가 늘고 있으며, 그 대표적인 수단이 생성형 AI 챗봇이다.

단순한 질의응답을 넘어서는 생성형 AI 챗봇은 고객의 구매 이력과 대화 맥락을 기억하고 이해하며, 브랜드의 언어 표현 형식을 유지한 채 '진짜 대화'를 나눔으로써 고객 경험을 혁신한다.

이러한 상호 작용은 소비자가 챗봇이라는 매체를 통해 심리적 연결감을 느끼는 '준사회적 실재감(para-social presence)'을 형성하는 핵심 메커니즘이다. 준사회적 실재감이란 미디어 속 인물과 시청자가 맺는 일방적이고 친밀한 관계처럼, 소비자가 챗봇을 단순한 기계가 아닌 사회적 행위자로 인식하며 관계를 형성하는 현상을 의미한다. 허희진과 김우빈(2022)의 연구에 따르면, 챗봇이 주는 '친밀감(Intimacy)', 고객의 의도를 파악하는 '이해심(Understanding)', 대화에 몰입하게 만드는 '관여도(Involvement)'는 소비자가 해당 서비스를 즐겁고 유용하다고 느끼게 만드는 긍정적 신념을 형성하는 데 결정적인 역할을 한다.

실제로 버버리(Burberry), H&M, ASOS 등 여러 기업은 챗봇을 통해 신상품 정보 제공, 스타일 추천, 구매 지원 등 쇼핑 전반에 걸친 서비스를 제공하며 고객과의 소통 창구로 적극 활용하고 있다. 이는 챗봇이 '나를 이해하는 브랜드'라는 신뢰를 형성하고, 긍정적 브랜드 관계를 만들어 내는 중요한 접점임을 보여 준다.

AI 챗봇은 브랜드의 메시지 전달력과 진정성, 톤 앤드 매너의 일관성까지 실시간으로 검증되는 공간이다. 이 작은 대화창 안에서 브랜드의 정체성, 지성, 감성이 모두 평가받기 때문이다. 따라서 챗봇의 성공적 구현은 브랜드가 고객과의 관계를 얼마나 진정성 있게 설계하고 있는지를 보여 주는 가장 정직한 지표가 된다. 챗봇 기반 브랜딩 경험은, AI가 브랜드와 고객 사이의 정서적 신뢰를 형성하는 데까지 진화했음을 보여 준다.

결론적으로 AI는 패션 브랜딩의 모든 과정에 깊숙이 관여하며, 개인화된 경험과 압도적인 효율성을 제공하는 혁신적 파트너가 되었다. 그러나 AI 브랜딩의 성공은 기술 그 자체에 달려 있지 않다. 오히려 AI를 어떻게 활용하여 브랜드의 목표를 효과적으로 달성하고, 고객에게 일관된 경험을 제공할 것인지를 결정하는 인간의 전략적 판단과 창의성이 그 성패를 좌우한다.

AI가 생성한 초현실적 이미지, 데이터 기반 맞춤형 추천, 인간적인 챗봇 대화 등은 모두 브랜드 철학을 고객에게 전달하기 위한 수단이다. 이는 곧, 기술 자체가 중심이 아니라, 기술을 통해 드러나는 브랜드의 고유한 가치와 철학이 브랜딩의 핵심임을 시사한다. 따라서 브랜딩의 성공은 어떤 도구를 사용하느냐가 아니라, 그 도구를 통해 어떻게 사람과 진정성 있게 연결되느냐에 달려 있다.

미래의 패션 브랜딩은 AI를 활용해 초개인화된 경험과 정서적 상호 작용을 설계하고, 브랜드 고유의 철학을 일관되게 전달하는 방향으로 나아가고 있다. 이 흐름을 지속 가능한 고객 관계로 확장하기 위해서는, 인간의 창의성과 전략적 감수성이 핵심적이다.

참고문헌

오기쁨(2025.4.2.). "H&M의 '디지털 트윈' 모델 도입을 향한 시선". 보그 코리아. https://www.vogue.co.kr/2025/04/02/hm%EC%9D%98-%EB%94%94%EC%A7%80%ED%84%B8-%ED%8A%B8%EC%9C%88-%EB%AA%A8%EB%8D%B8-%EB%8F%84%EC%9E%85%EC%9D%84-%ED%96%A5%ED%95%9C-%EC%8B%9C%EC%84%A0/

허희진·김우빈(2022). "AI 기반 패션 챗봇 서비스에 대한 소비자 수용의도: 챗봇의 준사회적 실재감 특성을 중심으로". 《한국의류학회지》, 46(3), 464~480쪽.

Agrawal, R. et al.(2025). Why the luxury experience needs an AI moment. Boston Consulting Group.

Cronin, E.(2024.8.13). 'Sometimes reality is not enough': fashion

brands turn to AI. Financial Times.
https://www.ft.com/content/af2752e8-d409-40d4-b415-820df0fbedf9

Guerra-Tamez, C. R. et al.(2024). Decoding Gen Z: AI's influence on brand trust and purchasing behavior. *Frontiers in Artificial Intelligence, 7*, pp.1~14.

Marr, B.(2023.6.7). Pixel perfect: The rise of AI fashion models. Forbes.
https://www.forbes.com/sites/bernardmarr/2023/06/07/pixel-perfect-the-rise-of-ai-fashion-models/

Salibian, S.(2024.1.29). Etro's new campaign is AI-generated. WWD.
https://wwd.com/fashion-news/fashion-scoops/etro-releases-ai-generated-advertising-campaign-spring-1236156945/

06
AI와 버추얼 패션

이제 패션은 물리적 현실을 넘어 디지털 공간으로 확장해 디지털 의류, NFT, 버추얼 모델, 디지털 쇼케이스 등을 통해 혁신적인 전환기를 맞이하고 있다. 현실의 한계를 넘는 창의적인 디자인, 메타버스와 연계한 피지털 경험, 버추얼 크리에이터라는 새로운 직업군의 등장은 소비자 경험과 브랜드 전략에 근본적인 변화를 일으키고 있다.

AI와 민주주의?

AI가 이끄는 버추얼 패션의 진화

버추얼 또는 가상 패션은 아바타, 이미지, 영상 등 디지털 매체를 통해 디지털 공간에서 존재하는 형태의 패션을 말한다. 버추얼 패션이 주목받는 이유는 창의성의 확장, 메타버스와 NFT(Non-fungible token) 시장과의 연계를 통한 수익 창출과 소비자 경험 확장, 그리고 지속가능성 실천에서의 가능성에 있다.

로블록스(Roblox)와 제페토(Zepeto) 같은 플랫폼은 구찌(Gucci), 루이비통(Louis Vuitton), 랄프 로렌(Ralph Lauren), 타미 힐피거(Tommy Hilfiger), 반스(Vans) 등과 협업하며 버추얼 패션 산업의 성장을 이끌고 있다. 버추얼 패션 하우스인 더 패브리컨트(The Fabricant)는 2025년까지 1억 명의 사용자가 자신의 아바타를 갖게 될 것으로 예측한다. 2022년 메타(Meta)는 발렌시아가(Balenciaga), 프라다(Prada), 톰 브라운(Thom Browne) 등 글로벌 럭셔리 브랜드의 가상 의류 제품을 판매하는 버추얼 패션 스토어를 론칭했다. 메타의 CEO 마크 저커버그(Mark Zuckerberg)는 "디지털 상품은 메타버스에서 자신을 표현하는 중요한 방식이자 창작 경제의 주요 동력이 될 것"(Zuckerberg, 2022)이라고 밝혔다. 이처럼 아바타는 가상 세계에서 사용자의 또 다른 신체로 기능하며, 개인의 존재감과 자아를 구현하는 데 중요한 역할을 한다(Biocca et al., 2003; Schultze & Leahy, 2009). 따라서 버추얼 패션 산업은 앞으로도 꾸준히 확장될 가능성이 높다.

한편 버추얼 패션 디자인은 AI 기반 기술과 결합해 빠르게 진화하고 있다. 생성형 AI는 의상의 실루엣, 소재, 색상 등 디자인 전반에 걸쳐 창의적인 시도를 가능하게 한다. 물리적 의상과 거의 구별이 불가능할 정도로 정교한 구현은 물론, 현실을 초월한 비현실적 형태의 디자인도 실현할 수 있다. 버추얼 패션 플랫폼 드레스 엑스(Dress X)는 현실의 한계를 넘어선 중력을 무시한 과장된 실루엣, 정교한 의상 표면 표현, 홀로그램이나 시시각각 패턴이 바뀌는 소재, 디지털 오브제를 결합한 장식 등 기발한 디자인의 버추얼 의상을 선보이고 있다(Dress X, n.d.).

피지털 패션과 NFT

피지털은 '물리적(physical)'과 '디지털(digital)'의 합성어다. 패션 분야에서는 실제 의류와 동일한 디자인의 디지털 의류를 제작하는 디지털 트윈 상품이나 오프라인과 온라인 경험을 융합한 서비스를 통칭해 피지털 패션

이라 부른다. 2020년 9월 밀라노 패션 위크가 '피지털 패션 위크'로 명명하면서 피지털 패션이라는 용어가 사용되기 시작했다(김소라 · 김현주, 2022). AI 기반 기술의 발전은 오프라인 패션쇼의 온라인 생중계로 구성된 디지털 쇼뿐 아니라, 메타버스, 아바타, 가상 인플루언서, 온라인 게임 등 다양한 장르와의 융합을 가능하게 하며 패션 산업의 혁신에 기여하고 있다.

피지털 패션은 주로 메타버스와의 연계를 통해 구현된다. 어그(UGG), 자라(Zara), 라코스테(Lacoste), 타미 힐피거 등은 제페토, 로블록스, 마인크래프트 등 메타버스 플랫폼에서 버추얼 의상 출시, 팝업 스토어 운영, 현실과 디지털을 연결하는 피지털 경험 제공 등 다양한 시도를 이어 가고 있다(문병훈, 2023).

NFT는 디지털 객체에 대한 소유권을 증명할 수 있게 해 주는 블록체인 기반 암호 자산으로, 피지털 패션을 구현하는 주요한 수단이다. 암호 화폐 데이터 플랫폼 코인게코(CoinGecko)에 따르면, 50대 글로벌 패션 브랜드 중 21개 사가 NFT를 보유하고 있는 것으로 나타났다(CoinGecko, 2024). 이 중 아디다스, 나이키, 푸마 등 스포츠웨어 브랜드들이 NFT 도입을 선도하고 있다. 아디다스는 전담 NFT 팀을 운영 중이며, 나이키는 NFT 제작

스튜디오 알티팩트(RTFKT)를 인수했다. 생로랑, 지방시, 프라다, 몽클레어, 루이비통 등 주요 럭셔리 브랜드들도 NFT를 도입해 홍보 수단이자 새로운 수익 창출 경로로 활용하고 있다. 돌체앤가바나는 2021년 9월 NFT 컬렉션 '제네시(Genesi)'를 출시하며 NFT를 선보인 최초의 럭셔리 패션 브랜드로 기록됐으며, 해당 컬렉션은 총 570만 달러에 판매됐다. 티파니앤코는 2022년 선보인 NFT 컬렉션 '엔에프티프(NFTiff)'를 출시 20분 만에 완판시키며, 총 1,250만 달러의 수익을 기록하기도 했다.

프라다는 특히 NFT를 활용해 피지털 패션 영역을 선도하고 있다. 매달 첫째 주 목요일 온라인을 통해 고유 NFT를 부여한 '프라다 타임캡슐 에디션'을 판매한다. 소비자는 이 NFT를 통해 '프라다 익스클루시브 크립티드 NFT 커뮤니티'에 가입할 수 있고, 밀라노 패션쇼, 프라다 익스텐드, 프라다 모드 등 프라다의 주요 행사에 참석할 기회를 얻는다.

프라다의 사례는 NFT가 지닌 희소성, 독점성, 디자인 미적 가치, 부가 서비스 등이 럭셔리 패션의 구매 의도에 크게 영향을 미칠 수 있음을 보여 준다(Zhang & Pang, 2025). NFT 패션은 소비자에게 독점적인 경험과 혜택을 제공하며 브랜드의 혁신적인 이미지를 강화하는 전략적 수단으로 더욱 주목받을 것이다.

버추얼 모델과 디지털 쇼케이스

패션쇼나 전시, 화보를 비롯한 패션 쇼케이스는 의류 제품을 소비자에게 더욱 매력적으로 보이게 하는 중요한 시지각적 수단이다. 버추얼 패션이 성장함에 따라 버추얼 패션 쇼케이스 또한 주목받고 있다. 밀라노, 뉴욕, 헬싱키, 서울 등 주요 도시의 패션 위크에서는 버추얼 패션쇼가 꾸준히 선보이고 있다. 버추얼 패션쇼는 인터넷만 연결하면 언제 어디서나 관람할 수 있어 접근성과 확장성이 뛰어나다. 이는 디지털 환경에 익숙한 새로운 소비자층을 유입하는 데 효과적이다.

전통적인 패션 화보 촬영에는 모델과 사진가는 물론, 헤어 · 메이크업 아티스트, 스타일리스트, 촬영 장소, 장비 등 막대한 인력, 시간, 비용이 소요된다. 반면 버추얼 패션 화보는 위와 같은 실제 인력이 필요 없으며, 프롬프트 입력만으로도 다양한 배경과 콘셉트를 자유자재로 변형하며 화보를 제작할 수 있다. 기술 기업 제네라(Genera)는 프랑스 알프스에서 패션 화보를 진행하려면 몇 달에 걸친 사전 기획과 3만 7천여 달러가 들지만,

제네라를 사용하면 단 며칠 만에 500유로로 화보를 제작할 수 있다고 밝혔다(AFT, 2025). 또한 오픈에이아이(OpenAI)의 소라(Sora), 구글의 베오 3(Veo 3), 미드저니(Midjourney)의 브이아이(VI) 등 AI 비디오 생성 툴이 연이어 개발되어 활용되고 있다. 이제 일반인들도 이러한 툴을 활용해 화보는 물론, 단 세 컷의 이미지로 패션 영상까지 제작할 수 있다.

AI 기술의 고도화로 더욱 자연스러운 외모의 버추얼 모델도 등장하고 있다. 이들은 시간과 공간의 제약이 없고, 초상권이나 인건비 부담에서도 인간 모델보다 효율적이다. 사생활 논란 등으로 브랜드 이미지를 훼손할 위험도 적어 리스크 관리 측면에서도 유리하다. 이러한 경제적 이점 덕분에 앞으로 더 많은 브랜드가 버추얼 모델을 활용할 것으로 보인다.

2023년 4월 20일 AI 기술 스튜디오 메종 메타(MAISON META)가 주최한 세계 최초의 AI 기반 패션 공모전인 AI 패션 위크(AI Fashion Week)는 이러한 버추얼 모델과 쇼케이스의 가능성을 백분 활용한 행사라 볼 수 있다. 의상뿐 아니라 디자인 콘셉트에 맞춘 모델, 패션쇼 무대, 백스테이지의 모습, 패션쇼에 참석한 유명 인사들의 모습까지 생생하게 표현하며 실제 패션 위크의 모습을 그대로 구현하고 있다.

궁극적으로 버추얼 모델과 디지털 쇼케이스는 브랜드에는 창의성, 효율성, 경제적 이점을 주고, 소비자에게는 브랜드와의 새로운 소통 방식을 경험하게 하는 전환점으로 작용하고 있다.

버추얼 패션 크리에이터의 등장

AI 패션 위크에 참여한 디자이너들은 10대에서 60대에 걸쳐, 변호사, 엔지니어, AI 개발자 등 패션 디자인을 전공하지 않은 다양한 직업의 종사자인 것으로 나타났다. 이는 AI의 발전이 패션 디자인의 진입 장벽을 낮춰 누구나 디자이너가 될 수 있는 시대를 열었음을 시사한다(정연이, 2023). 특히 AI 패션 위크 최종 우승자에게 버추얼 컬렉션을 실제 의상으로 제작하고 판매할 기회가 주어졌다는 점은 미래 패션 디자이너에게 AI 기술을 습득하고 이를 창의적으로 활용하는 역량이 중요함을 보여 준다.

이런 맥락에서 버추얼 패션 크리에이터는 신흥 직업군으로 부상하고 있다. 이들은 AI를 활용해 의류를 비롯한 각종 패션 아이템을 디자인하고 제작한다. 제페토 같은 메타버스는 전문가가 아닌 사용자들도 손쉽게 자기 아바타의 모습을 변형하고, 버추얼 아이템을 만들 수 있도록 AI 기반 템플릿을 제공한다. 제페토 사용자들은 '추천' 메뉴에서 많은 팔로워를 보유한 인기 크리에이터의 아이템을 탐색하고, '좋아요'를 누르는 등 다른 사용자들과 소통한다. 이러한 방식은 마치 패션 브랜드가 인스타그램을 통해 제품을 홍보하고 소비자와 소통하는 방식과 유사하다.

버추얼 패션 디자인의 이러한 민주화 현상은 전문 디자이너와 아마추어 사용자 디자이너가 디자인한 버추얼 패션과의 질적 차이가 두드러지지 않다는 점에서 비롯한다. 이는 버추얼 의상이 시각적 속성을 주로 고려하므로 실제 의상을 제작할 때 현실적으로 고려해야 할 사항들—기능성, 착용감, 소재, 제작 품질 등—에서 자유롭기 때문이다(Ma, 2024).

궁극적으로 버추얼 패션은 새로운 비즈니스 모델과 시장을 창출함에 따라 새로운 직무를 수행하는 중간 주체들을 필요로 하는 추세다. AI 프롬프트 엔지니어, AI 데이터 큐레이터, 그리고 전통 디자인과 AI 활용을 동시에 구사하는 하이브리드형 디자이너 등이 여기에 해당한다.

참고문헌

김소라·김현주(2022). "피지털 패션에 나타난 인터미디어의 융합적 표현과 특성". 《한국과학예술융합학회》, 40(4), 45~62쪽.

문병훈(2023.1.31). "'피지털' 주목하는 패션업계". 패션서울. https://fashionseoul.com/224174

정연이(2023.6.1). "2023 AI Fashion Week: 창의성의 경계를 묻다". 디토앤디토. https://dito.fashion/Ditorian/?bmode=view&idx=15315077

AFT(2025.2.23). AI opens 'endless' doors for fashion models, closes others. RFI. https://www.rfi.fr/en/international-news/20250223-ai-opens-endless-doors-for-fashion-models-closes-others

Biocca, F. et al.(2003). Towards a more robust theory and measure of social presence: Review and suggested criteria. *Presence: Teleoperators and Virtual Environments, 12*(5), pp.456~480.

CoinGecko(2024.1.15). Top global fashion brands with NFTs. https://www.coingecko.com/research/publications/top-fashion-brand-nfts

Dress X. https://dressx.com/

Liu, C. et al.(2023). Transformed virtual concepts into reality: Linkage the viewpoint of entrepreneurial passion, technology adoption propensity and advantage to usage intention. *Journal of Retailing and Consumer Services, 75*, 103452.

Ma, J.(2024). Restructuring situated bodily practices: Understanding the relationship of dress, body, and identity in virtual dressing practice. *Fashion Practice, 17*(1), pp.27~49.

McMahon, L.(2025.3.27). H&M to use digital clones of models in

ads and social media. BBC.
https://www.bbc.com/news/articles/c3vwg73xndeo
Schultze, U. & Leahy, M. M.(2009). The Avatar-Self Relationship: Enacting Presence in Second Life. *Proceedings of the International Conference on Information Systems, 12.* https://aisel.aisnet.org/icis2009/12
Zhang, L. & Pang, I.G.(2025). How NFTs contribute to consumers' purchase intention towards luxury fashion physical products. *Journal of Fashion Marketing and Management: An International Journal, 29*(3), pp.496~519.
Zuckerberg, M.(2022). We're launching our Avatars Store on Facebook, Instagram, and Messenger so you can buy digital clothes to style your avatar. Digital goods will be an important way.
https://ms-my.facebook.com/MetaverseOfficials/videos/were-launching-our-avatars-store-on-facebook-instagram-and-messenger-so-you-can-/7863082493732619/

07
AI를 활용한 패션 디자인 교육

2020년 교육부는 AI 교육 종합 방안을 수립하며, 전 국민의 AI 기본 소양 함양과 에듀테크 기반 교수 · 학습 혁신을 추진하겠다고 밝혔다. 이는 AI가 교육 구조를 재편하는 핵심 동력임을 보여 준다. 특히 패션 디자인 분야에서 AI 기술의 활용이 업무 효율과 창의성을 향상하는 필수 역량으로 떠오르면서 교육 구조를 재편하고 있다.

AI와 애니메이션?

AIEd와 교육·학습 주체의 역할 변화

인공지능 교육(AI in Education, 이하 AIEd)은 AI에 대한 이해, 활용, 개발 역량을 함양해 궁극적으로 교육과 학습 성과를 높이는 것을 목표로 한다. AIEd는 크게 두 가지 영역－AI에 대한 개념, 원리, 기술을 이해하고 습득하는 'AI에 대한 학습(learning about AI)'과 AI 기술을 활용해 교육 · 학습 과정을 지원하고 강화하는 'AI와 함께하는 학습(learning with AI)'－으로 구분할 수 있다(Holmes et al., 2019). AI를 활용한 디자인 교육에 위 영역을 대입하면, AI에 대한 학습은 학생들이 AI 활용법을 익히고 문제 해결 능력을 키우는 데 중점을 두며, AI와 함께하는 학습은 AI를 창의적 보조 도구로 활용하며 비판적 사고와 의사 판단 결정 능력으로 효과적인 디자인 프로세스를 수행하는 것을 목표로 한다(Lee & Suh, 2024).

AIEd는 세 단계의 패러다임으로 나뉜다(Ouyang & Jiao, 2021). 1단계는 'AI-지시형(AI-directed)'으로 AI가 교육과 학습을 주도하고 지시하며, 학습자는 이를 수동적으로 수용하는 단계다. 개별 학습자의 특성이나 요구, 목표에 대한 고려 없이 학습 목표와 절차가 사전에 정해져 있어 즉각적인 지식을 제시하고 이를 학습자가 습득하도록 하는 것이 특징이다.

2단계는 'AI-지원형(AI-supported)'으로 AI가 교육과 학습을 지원하는 도구로 기능하며, 학습자는 AI와 협력하는 능동적 주체로 참여하는 단계다. 이 단계에서 AI는 학습자가 생성한 정보를 실시간으로 수집, 분석해 학습자와 상호 작용하고, 학습자는 이를 기반으로 학습 과정에 참여하는 것이 특징이다.

3단계는 'AI-강화형(AI-empowered)'으로 학습자가 학습을 주도하고 설계하는 중심적 역할을 맡고, AI는 학습자의 지능, 역량, 잠재력을 증강하는 도구로 작용한다. 이 단계는 학습자, 교수자, 정보와 기술 간의 실시간 협력이 핵심이며, 이에 따라 AI에 높은 수준의 정확성, 투명성, 효율성이 요구된다.

이처럼 AIEd는 학습 과정을 지원하고 학습자의 역량을 강화함으로써 교수자는 더 이상 일방적 지식 전달자가 아닌, 학습자와 함께 탐구하는 조력자가 된다. 이는 궁극적으로 학습 주체가 수동적인 수용자에서 궁극적으로 AI와 협력하며 학습을 주도하는 설계자로 성장하도록 목표하고 있다.

패션 AIEd 현황

디자인 고등 교육에서 프로젝트 기반 학습(PBL)과 산업 협업을 통한 AI 활용 과제는 이제 필수적인 교과 과정이 되었다. 국내 대학에서는 '패션 테크놀로지', '스마트의류 제조 기술', '패션 융합 프로젝트', 'AI 기반 패션 디자인 발상' 등 AI와 패션을 융합한 교과목이 개설되고 있다. 나아가 충남대학교처럼 의류학과와 인공지능학과 간 연계 교육 과정을 통해 '패션 AI' 전공을 신설하는 움직임도 나타나고 있다.

해외 대학도 마찬가지다. 프랑스 파리 패션 대학(Institut Français de la Mode, IFM)의 패션 디자인 학사 과정에서 1학년은 AI 도구를 활용한 패션 프로세스를, 2학년은 증강 현실(AR)과 몰입형 스토리텔링 중심의 AI 패션 프로젝트를 수행하도록 교육하고 있다(IFM, n.d.).

이와 함께 AI 생성물에 대한 분석과 평가, 데이터 리터러시 교육, 윤리적 쟁점에 관한 토론 등을 포함한 교육 모듈도 개발되고 있다. 이는 전통적 수업 방식과 통합되기보다는 새로운 형태의 학습 환경과 접근 방식을 요구한다. 이탈리아의 마랑고니(Istituto Marangoni)는 '패션과 창의적 AI 혁신(Fashion and creative AI innovation)'이라는 단기 과정을 개설하고, AI 디자인 실습뿐만 아니라 디지털 소유권, AI 생성 디자인의 편향, 패션 산업 내 자동화의 영향 등 윤리적 주제도 함께 다룬다(Istituto

Marangoni, n.d.).

AI 기술이 하루가 다르게 진화하면서 산업과의 긴밀한 연계 없이는 학계가 흐름을 따라가기 어려운 현실이다. 이를 보완하기 위해 런던 패션 대학(London College of Fashion)은 '패션 AI 연구 산학 교육 허브(Fashion AI Research, Enterprise, and Education Hub, FAIREE)'를 설립했다(UAL, n.d.). 이 연구소는 연구·교육·협업을 통해 패션 산업 내 AI 통합을 촉진하고 학계와 산업 간 지식 교류를 위한 파트너십을 구축하며, 궁극적으로 차세대 AI 패션 리더 양성을 목표로 한다.

패션 디자인에서의 AIEd 적용

AI는 인간이 과거의 경험, 지식, 또는 특정 관점에 갇혀 익숙한 사고방식에 머무는 인지적 고착을 극복하고, 인간이 떠올리기 어려운 아이디어를 생성하고 조합하며 새로운 방향성과 혁신을 제공한다(Meincke et al., 2024). 따라서 디자이너에게는 과거 그들의 핵심 역량이었던 창의성과 혁신은 AI로부터 도움을 받고, AI와 소통하고 협업하며 비판적 사고를 통해 적절한 의사 결정을 내려 문제를 해결하는 '디렉팅' 능력이 더욱 중요해졌다(이시헌·이지현, 2021).

패션 디자인 교육에도 AI 활용에 대한 긍정적인 인식이 확산하고 있다. AI 관련 교육 과정은 학생들의 창의적인 디자인 역량을 강화하고 디자인 프로세스의 효율성을 높여 패션 디자인 수준을 향상하는 데 도움이 된다는 연구 결과도 있다(Lee & Suh, 2024). 이러한 AI 활용은 나아가 패션 산업의 발전과 개선에도 중요한 역할을 할 것으로 전망하고 있다(Albishri & Almisbahi, 2024). 이에 따라 패션 디자인 교육에서의 AI 활용은 학생들의 학습 강화 및 산업 기여 측면에서 다양한 시도와 연구가 필요하다.

충남대학교 의류학과 김웅태 교수는 2025년 한국의류산업학회 춘계학술대회에서 패션 디자인 교육의 핵심으로 '컴퓨팅 사고력'을 강조했다. 김 교수는 과거처럼 패션 디자인을 단순히 감각적인 영역으로만 이해해서는 현재와 미래의 패션 산업을 주도할 수 없다고 지적하며, 문제를 구조적으로 사고하고 구체적으로 측정할 수 있는 설계를 수행할 능력이 필요하다고 역설했다. 이러한 컴퓨팅 사고력을 함양하기 위해 데이터, 알고리즘, 구조와 규칙에 기반을 둔 사고를 훈련하고 이를 실습에 적용하며, 궁극적으로는 프로젝트 기반의 실무 교육을 강화해 AI 패션 디자인 전문가 양성을 목표로 교육 방향을 조정해야 한다고 덧붙였다.

전통적인 패션 디자인 교육과 AI를 활용한 교육은 디자인 접근 방식, 도구, 프로세스 측면에서 차이를 보인다. 디자인 접근 방식에서 전통 교육이 주로 미적 직관과 감각 중심의 사고 훈련을 중요시했다면, AI를 활용한 교육은 문제 해결을 위한 데이터 알고리즘에 기반한 사고 능력을 강조한다. 디자인 도구 측면에서는 물리적 재료와 수작업을 바탕으로 한 실습에서 벗어나, 데이터를 탐색하고 이를 기반으로 디자인을 설계하고 시각화하는 실습에 중점을 둔다. 마지막으로 디자인 프로세스 면에서의 차이는 데이터 기반 의사 결정과 디자인 결과의 검증 및 분석을 통해 실무 역량을 강화하고 확장하는 데 있다. 이러한 교육의 변화는 데이터 기반 사고 훈련을 시작으로 AI 도구의 실습 적용을 거쳐 실제 산업과 연계한 프로젝트 기반 학습으로 이어지는 단계적 확장 구조를 특징으로 한다.

AIEd의 도전 과제와 미래 방향

AI 기술의 도입은 교수자와 학습자의 역할에 변화를 불러왔다. 교수자는 더 이상 일방적인 지식 전달자가 아닌, 학습자와 함께 탐구하며 그들을 지원하는 조력자로서의 역할이 중요해지고 있다. 그러나 이러한 전환에는 여러 도전 과제가 수반된다.

무엇보다도 '창의성'의 정의에 대한 재논의가 시급하다. 인간과 AI 사이의 창의적 업무 수행 주체 구분이 모호해짐에 따라, 어디까지를 인간의 창의성으로 간주해야 하는지, 그리고 창의성의 정의가 무엇인지에 대한 논란이 커지고 있다. 나아가 AI에 대한 과도한 의존이 인간의 비판적 사고 능력과 독창성 훈련 능력을 약화해 궁극적으로 인간의 창의성을 위협할 수 있다는 주장도 제기되고 있다(Jin et al., 2024). 이에 따라 교수자와 학습자 간의 창의적 업무의 개념, 범위, 기준 등에 대한 합의가 필요하다. 또한 학습자의 창의적 역량 향상을 우선적으로 고려한 적절한 AI 활용 방안을 마련하기 위한 교육 계획이 요구된다.

AI가 지닌 데이터 편향성 또한 중요한 문제다. 예를 들어 패션 디자인 생성 툴로 활용되는 미드저니는 기본적으로 '아름다운' 이미지를 생성하도록 설계되어 있다. 그러나 이 '아름다움'이 특정 사회 문화적 맥락에 기반한 유행이나 스타일에 치우쳐 있다는 점이 문제다. 결국 독창성이나 다양한 문화 및 심미적 감수성을 포용하지 못한다는 점에서 생성형 AI가 지닌 정보의 편향성이나 진정성 측면에서의 한계를 인식할 필요가 있다(구본권, 2023).

한편 국가나 학교 기관별 인프라와 자본의 격차는 평등한 교육 환경 조성에 걸림돌이 되고 있다. 이는 단지 교육의 질을 떨어뜨리는 데 그치지 않고, 장기적으로는 산업 간 격차를 심화해 국가 경쟁력에도 영향을 미칠 수 있다.

이러한 과제를 해결하기 위해서는 책임감 있고, 투명하며, 안목 있는 AI 사용을 위한 소양 교육이 병행되어야 하며(Hashmi & Bal, 2024), 이 교육의 중심에는 'AI 리터러시'가 있다. AI 리터러시는 생성형 AI를 사용할 때 비판적인 '감식력'을 갖는 것을 강조한다(Taecharungroj & Karnchanapoo, 2023). 이는 AI의 생성 의도를 파악하고, AI를 활용한 다른 여러 작업물과 비교 · 분석하면서 학습자가 주도적으로 사고하고 검증하는 능력을 기르는 교육이다.

더불어 미래의 패션 디자이너에게는 디지털 역량, 커뮤니케이션, 주도성, 기업가 정신, 문제 해결 능력 등 다양한 소프트 스킬이 요구된다(Jung & Suh, 2024). 이는 AI 기술이 등장하기 이전부터 중요하게 여겨졌던 역량이며, 교육의 본질적 가치와 요구되는 자질은 변하지 않았음을 시사한다.

참고문헌

구본권(2023). “챗GPT 시대의 필수역량 ‘AI 리터러시’”. 《KISO 저널》, 50, 36~39쪽.

이시헌·이지현(2021). “패션 디자인 씽킹(design thinking) 프로세스를 위한 AI 기반 디자인 툴의 활용 가능성”. 《한국디자인포럼》, 26(2), 155~170쪽.

Albishri, A. A. & Almisbahi, R. M.(2024). The role of Artificial Intelligence in fashion design. *Advances in Social Sciences Research Journal, 11*(8), pp.410~427.

Hashmi, N. & Bal, A. S.(2024). Generative AI in higher education and beyond. *Business Horizons, 67*(5), pp.607~614.

Holmes, W. et al.(2019). Artificial Intelligence in education. Center for Curriculum Redesign.

IFM(n.d.). Bachelor of arts in fashion design. https://www.ifmparis.fr/en/programs/degree-certificate/bachelor-fashion-design

Istituto Marangoni(n.d.). Fashion and creative AI innovation. https://enrol.istitutomarangoni.com/en/admission/short-courses-fashion/Fashion-and-Creative-AI-innovation

Jin, Y. et al.(2024). Understanding fashion designers' behavior using generative AI for early-stage concept ideation and revision. *Archives of Design Research, 37*(3), pp.25~45.

Jung, D. & Suh, S.(2024). Enhancing soft skills through generative AI in sustainable fashion textile design education. *Sustainability, 16*(16), 6973.

Lee, J. & Suh, S. (2024). AI technology integrated education model for empowering fashion design ideation. *Sustainability, 16*(17), pp.1~27.

Meincke, L. et al.(2024). Using large language models for idea generation in innovation. The Wharton School. https://papers.ssrn.com/sol3/papers.cfm?abstract_id=4526071

Ouyang, F. & Jiao, P.(2021). Artificial intelligence in education: The three paradigms. *Computers and Education: Artificial Intelligence, 2*, 100020.

Taecharungroj, V. & Karnchanapoo, K.(2023). AI Literacy in the Age of Generative AI – Building a Future-Ready Society. AI Governance Clinic. https://www.etda.or.th/getattachment/Our-Service/AIGC/Research-and-Recommendation/AI-Literacy-Viriya-and-Kanok.pdf.aspx?lang=th-TH

UAL(n.d.). Fashion AI research, enterprise and education hub. https://www.arts.ac.uk/colleges/london-college-of-fashion/research-at-lcf/research-networks/fashion-ai-research-enterprise-and-education-hub

08
AI와 지속 가능 패션

패션은 많은 자원과 에너지를 소비하며 환경에 영향을 미치는 주요 산업군 중 하나다. 또한 패션은 개인과 공동체의 사회적 안녕과 문화적 다양성과도 관련을 맺고 있다. AI는 수요나 트렌드 예측, 가상 샘플링, 소재 활용 최적화, 폐기물 및 재고 관리, 생산 과정의 효율화 및 자동화 등을 수행하며 환경, 경제, 사회, 문화적으로 지속 가능한 패션을 실천하는 데 기여할 수 있다.

AI와 인재 채용?

AI를 활용한 환경적 지속 가능 패션 실천

의류 산업은 생산, 소비, 폐기 과정에서 자원과 에너지를 많이 소모하는 것으로 알려져 있다. 디자인 단계에서 또한 상당한 자원과 에너지가 사용된다. 엘런 맥아더 재단에 따르면, 패션 디자인 단계에서 AI를 비롯한 디지털 기술을 도입하면 탄소 발자국을 최대 30%까지 줄일 수 있다(Ellen MacArthur Foundation, 2021).

리서치와 디자인 기획 단계에서 예측 · 분석형 AI를 활용하면 디자인과 제품 수요의 정확도를 높여 자원과 에너지 낭비를 줄일 수 있다. 글로벌 럭셔리 브랜드 발렌시아가는 AI를 활용해 수천 개의 이미지를 분석하고 이를 신제품 디자인 개발에 활용하는 시스템을 구축했다(Nova, 2023). 정확한 제품 수요 예측은 재고를 최적화하며, 그 결과 폐기물과 관리에 필요한 공간과 에너지 사용을 줄일 수 있다.

샘플 제작과 수정 단계에서는 생성형 AI와 인터랙티브 AI를 활용해 3D 모델링을 통한 가상 피팅, 맞춤형 디자인 등을 보다 효율적으로 수행할 수 있다. 3D 모델링 및 가상 피팅 시뮬레이션은 실제 샘플 제작에 드는 자원과 폐기물을 줄이고(Rahaman et al., 2025), 수정의 반복 과정에서 소요되는 시간뿐 아니라 물리적 시설과 인력에 따른 비용도 절감할 수 있다.

순환 패션(Circular fashion)을 실천하기 위해서는 친환경적이고 윤리적인 공급망을 고려한 소재의 식별과 활용이 필수적이다. 분석형 AI는 소재 생산과 관리에 필요한 물 사용량, 에너지 소비, 탄소 배출량 등을 분석하고, 재생 · 재활용 · 재사용이 가능한 소재를 식별하는 데 활용될 수 있다. 리바이스(Levi's)는 데님 소재 및 제품 생산 과정에서 과도한 물 사용을 줄이기 위해 물 재사용을 포함해 새로운 마감재를 개발하고 생산 공정을 개선하는 업무에 AI 기술을 활용하고 있다(Levi Strauss & Co, n.d.).

AI를 활용한 경제적 지속 가능 패션 실천

경제적 지속 가능성이란 미래 환경, 자원, 사회를 고려하면서도 현재의 경제적 성장과 이익을 지속하는 것을 의미한다. 이를 위해 산업과 기업은 자원, 에너지, 제조, 생산, 유통, 서비스 등 전반에 걸쳐 위험을 관리해 안정적이고 효율적인 운영을 추구한다.

리서치와 디자인 기획 작업 시간의 단축은 노동 대비 업무 효율을 높이고, 제품을 적시에 출시하는 데 기여한다. 스텔라 매카트니(Stella McCartney)는 제품 샘플을 디지털로 제작해 시간, 자원, 에너지를 절약하고 물리적 시설과 인력에 따른 비용을 줄이는 동시에 시장 변화에도 신속하게 대응하고 있다(Sachdeba & Mitra, 2024).

제품 생산력의 향상은 자원과 에너지 소비를 최적화하며, 이는 경제적 지속 가능성을 실현하는 기반이 된다(Rahaman et al., 2025). 프라다는 경영 소프트웨어 플랫폼 제공 업체인 o9과 협력해 생산 공정을 자동화하고, 품질 관리 시스템을 도입해 생산 효율을 최적화하고 있다(o9, 2025). 자라는 지트(JIT, Just-In-Time) 지능형 공급망 시스템을 활용해 수요를 정밀하게 예측하고, 실시간으로 재고를 보충한다(Team DigitalDefynd, 2024; AIX, 2023). 유니클로는 데이터 기반의 자동화 3D 니트 제작 기술을 도입하고, 로봇을 활용한 분류와 배송 자동화를 통해 생산성과 유통 효율을 높이고 있다(Marchese, 2018; UNIQLO, n.d.).

소비자와의 접점에서 AI를 활용해 수익성을 높이는 것도 경제적 지속 가능성 실천의 일환이다. 특히 개인화 및 자동화 추천 서비스는 운영 비용을 절감하면서 장기적으로 브랜드 충성도와 수익 향상에 기여한다. 챗봇은 단순한 문의 응대를 넘어 소비자의 신체 정보, 취향, 구매 이력 등을 기반으로 개인 스타일리스트 역할을 수행

한다. 액티브웨어 브랜드 스타일러너(Stylerunner)는 AI를 활용해 소비자가 제품을 둘러볼 때 취향에 맞는 아이템이나 어울리는 의류, 신발, 액세서리 등을 함께 제안함으로써 맞춤형 스타일링과 제품 추천을 제공한다.

AI가 적용된 매장 내 인터랙티브 디스플레이는 고객에게 제품 정보, 가상 시착, 개인화 제품 추천 등을 제공하며 몰입형 쇼핑 경험을 제공한다(Capillary Marcom, 2025). 나이키의 '하우스 오브 이노베이션(House of Innovation)' 플래그십 매장에 설치된 '미션 콘트롤 월(Mission Control Wall)'은 스포츠 커뮤니티와 실시간으로 연결해 뉴스, 트렌드, 인기 제품 등의 콘텐츠를 지속적으로 상영해 방문객에게 풍부하고 즐거운 쇼핑 환경을 조성하고 있다(Van Bree, 2023).

AI를 활용한 사회적 지속 가능 패션 실천

개인과 공동체의 공정하고 안전한 삶을 목표로 하는 사회적 지속 가능성은 패션 산업에서도 중요한 사안이다. 특히 패션 공급망 내의 노동과 근로 환경 문제는 여전히 해결되지 않은 과제로 남아 있으며, 그 원인 중 하나는 복잡하고 불투명한 공급망 구조에 있다. 블록체인 기술은 노동 계약과 이력을 투명하게 기록하고, 근로 조건과 환경을 실시간으로 모니터링하는 데 활용할 수 있다. 이를 통해 불공정한 착취를 방지하고, 노동 환경 개선과 정당한 보상, 권리 보장을 강화할 수 있다. 리바이스는 블록체인 기술을 활용해 자사 제품 생산에 관여하는 근로자 복지 관련 정보를 추적하는 근로자 웰빙 프로그램(WWB)을 구축했다(Levi Strauss & Co, 2019).

이 밖에도 AI는 소재와 제조 공정에 관한 정보를 소비자에게 투명하게 제공함으로써 윤리적 소비 문화를 촉진하고, 기업이 사회적 책임을 다하고 윤리적 기준을 높이는 데 기여한다(Rahaman et al., 2025).

마이크로소프트 CEO인 사티아 나델라(Satya Nadella)는 AI가 다양한 차이를 지닌 사람들을 배려하는 포용 디자인(inclusive design)의 기반을 마련할 것으로 전망한 바 있다. 미러 사이즈(Mirrorsize)나 사이즈 스트림(Size Stream) 같은 설루션들은 AI와 3D 바디 스캐닝을 결합해 소비자의 신체, 연령, 젠더, 인종 등의 데이터를 수집해 개인에게 최적화된 맞춤형 디자인을 제공한다. 이는 개인의 다양성을 정밀하게 반영해 누구나 동등하게 제품을 사용할 수 있는 환경을 제공한다는 점에서 포용 디자인의 실천으로 간주할 수 있다.

AI를 활용한 문화적 지속 가능 패션 실천

문화적 지속 가능성은 문화적 다양성을 존중하고 이를 보전하고 진흥함으로써 새로운 창의성 구현에 기여하는 것을 의미한다(Ma, 2023).

AI는 전통 지식 및 문화의 디지털 보존과 전승을 위해 활용될 수 있다. 이역수 외(2024)는 전통 복식의 디지털 아카이빙 연구가 디지털 매체에 익숙한 후속 세대의 접근성을 높이고, 교육 및 문화 산업 전반에 응용될 수 있다고 언급했다. 이러한 디지털 콘텐츠를 활용하면 시간과 공간의 제약 없이 전 세계와 소통할 수 있다는 점에서 전통 기반 브랜드나 장인들의 지속 가능성 강화를 기대할 수 있다.

육스 네타포르테(YOOX NET-A-PORTER)와 더 킹스 재단(The King's Foundation)이 진행한 '모던 아티장(Modern Artisan)' 프로젝트는 디자이너에게 영국산 울과 천연 염색 등 전통 장인 기술 전수 교육과 전문가 멘토링을 제공하고, 지속 가능한 럭셔리 컬렉션을 디자인하고 제작할 기회를 지원한다. 이 프로젝트는 또한 디지털 ID, 3D 디자인 등 다양한 기술을 실험하고, 장인들에게 교육 혜택을 제공하는 등 지속 가능 디자인 기준을 충족한 사례로 평가받는다(YOOX NET-A-PORTER,

2024).

AI는 지속 가능 패션의 해결책인가

이처럼 AI는 지속 가능 패션을 위한 혁신적 수단으로 주목받고 있다. 하지만 오히려 지속 가능 실천에 역행하기도 한다.

우선, AI 기술 개발 · 운영 · 활용 과정에서 막대한 전력을 소모하고, 이로 인해 많은 온실가스가 배출된다. 3D 의류 제작 기술은 물리적 자원을 절약하기도 하지만, 새로운 디자인을 신속하게 구현할 수 있다는 점에서 과잉 생산을 부추길 수 있다. 빅 데이터 기술 역시 인기 상품을 빠르게 선별해 집중적으로 판매하는 전략에 활용되며, 판매 증대를 위한 전략의 도구가 된다. 개인 맞춤형 제품은 소비자의 다양성을 충족할 수 있으나, 동시에 특정 소비 유형을 조장하며 과소비를 촉진할 우려도 있다.

자동화 기술은 생산 효율성을 향상하지만, 그 이면에는 일자리 감소라는 사회적 문제를 야기할 수 있다. 나아가 첨단 기술을 도입할 수 있는 여건이 되는 대기업은 경쟁 우위를 확보할 수 있지만, 소규모 기업이나 독립 디자이너들은 기술 접근의 어려움으로 기업 간의 격차가 점점 커질 수 있다(Sustainability Directory, 2025).

예술, 디자인, 문학 등 창작 분야에서 생성형 AI를 활용할 때 가장 주요하게 다뤄지는 이슈는 복제와 재해석, 모방과 창조 간의 구분이 모호해지고 있다는 점이다(Solomon, 2025). 허가 없이 기존 콘텐츠를 복제하고 교묘하게 변형할 수 있는 AI로 인해 문화 전유와 인간의 창의성이 평가 절하될 위험이 있다. 아울러 정형화된 신체의 아름다움이나 특정 인종, 집단, 문화권 등만 중심에 두는 편향성은 문화적 다양성과 포용성을 저해할 수 있다.

결론적으로, AI 기술은 지속 가능 패션에 기여하기도 하지만, 다양한 부작용도 수반한다. 따라서 AI의 혁신적 가능성과 부정적 영향이 공존함을 인식하고, 이를 균형 있게 수용하는 태도가 필요하다.

참고문헌

이역수 외(2024). "전통 한복의 3D데이터 구축 방안과 활용에 관한 연구". 《디지털콘텐츠학회논문지》, 25(1), 291~299쪽.

AIX(2023). Case study: Zara's comprehensive approach to AI and supply chain management. AIX. https://aiexpert.network/case-study-zaras-comprehensive-approach-to-ai-and-supply-chain-management/

Capillary Marcom(2025). Retail Footfall Analytics: Enhancing the In-Store Digital Experience. https://www.capillarytech.com/blog/store-footfall-analytics/

Ellen Macarthur Foundation(2021). Showing the world that clothing does not need to be physical to exist: The Fabricant. https://www.ellenmacarthurfoundation.org/circular-examples/the-fabricant

Levi Strauss & Co.(n.d.). Levi's Sustainability. https://levi.co.kr/pages/lstory_levis_sustainability

Levi Strauss & Co.(2019.1.24). A new way to measure worker well-being. https://www.levistrauss.com/2019/01/24/new-way-measure-worker-well/

Ma, J.(2023). Traditional fashion practice and cultural sustainability: A case study of Nubi in Korea. *Fashion Practice, 15*(1), pp.64~90.

Marchese, K.(2018.10.16). UNIQLO warehouse replaces 90% of staff with robots offering a glimpse into the future. Designboom. https://www.designboom.com/technology/uniqlo-warehouse-replacing-staff-with-robots-11-16-2018/

Nova(2023). Balenciaga's game-changing use of AI in the fashion industry. AI Tech Trend. https://aitechtrend.com/balenciagas-game-changing-use-of-ai-in-the-fashion-industry/

o9(2025.4.3). o9 Goes live at Prada Group with advanced production and procurement planning capabilities. https://o9solutions.com/news/o9-goes-live-at-prada-gro

up-with-advanced-production-and-procurement-planning-capabilities/

Rahaman, M.T. et al.(2025). Transitioning from Industry 4.0 to Industry 5.0 for sustainable and additive manufacturing of clothing: Framework, case Studies, recent advances, and future prospects. *Materials Circular Economy, 7*, 20.

Sachdeba, P. & Mitra, A.(2024). Integrating digital Innovation and biomimicry in fast fashion: A synergistic approach for sustainable design and waste minimization. In Pethuru, R. et al.(eds.). *Illustrating digital innovations towards intelligent fashion*, pp.441~458. Springer Cham.

Solomon, A.(2025). Stealing Ghibli: How AI has crossed the line into creative theft. Crunchbase News. https://news.crunchbase.com/ai/intellectual-property-protections-solomon-amplify/

Sustainability Directory(2025). What Are The Social Implications Of Automated Fashion?. https://fashion.sustainability-directory.com/question/what-are-the-social-implications-of-automated-fashion/

Team DigitalDefynd(2024). 7 ways Zara is using AI [case study]. DigitalDefynd. https://digitaldefynd.com/IQ/ways-zara-using-ai/

UNIQLO(n.d.). Perfectly-programmed knits. https://www.uniqlo.com/uk/en/contents/feature/masterpiece/product/3d-knit-cotton-crew-neck-sweater/

Van Bree, F.(2023). Data-driven shopping: Nike's House of Innovation. Diggit Magazine. https://www.diggitmagazine.com/articles/data-driven-shopping-nikes-house-innovation

YOOX NET-A-PORTER(2024). NET-A-PORTER and the King's Foundation unveil luxury capsule inspired by nature and hand-crafted by emerging artisans. https://www.ynap.com/news/net-a-porter-and-the-kings-foundation-unveil-luxury-capsule-inspired-by-nature-and-hand-crafted-by-emerging-artisans/

09
AI 패션 디자인의 법적, 윤리적 쟁점

단 한 줄의 프롬프트만으로 특정 디자이너의 스타일을 정교하게 구현한 디자인이 몇 초 만에 생성된다. 그렇다면 이 디자인의 소유권은 누구에게 있을까? 생성형 AI 기술은 패션 산업의 창작 방식에 근본적인 질문을 던지는 동시에, 혁신과 함께 복잡한 법적 · 윤리적 쟁점을 수면 위로 드러냈다. AI 생성물의 저작권 귀속 문제, 기존 스타일 학습 과정의 투명성과 알고리즘 편향, 기술과 창작의 경계에서 새롭게 정의되는 디자이너의 윤리적 책임 등 이제는 답해야 할 질문들이 우리 앞에 놓여 있다.

AI와 기자?

창작 주체성과 저작권 귀속

저작권법의 기본 원칙은 인간의 사상이나 감정이 담긴 '구체적인 표현(expression)'을 보호하는 데 있다. 추상적인 아이디어나 화풍, 스타일 자체는 저작권 보호 대상이 아니다. 이러한 원칙에 따라 한국과 미국 등 대부분의 국가는 저작권의 주체를 '인간'으로 제한하고 있다. 따라서 현행법상 한국저작권위원회(2025)는 인간의 창의적 개입 없이 AI가 자율적으로 생성한 이미지나 디자인을 저작물로 인정하지 않는다.

그러나 인간의 창의적 개입이 더해질 경우, 법적 평가는 달라질 수 있다. AI가 생성한 여러 결과물 중 특정 이미지를 선택하고 배열하는 과정에 창작성이 인정되면, 그 결과물은 '편집 저작물'로 보호받을 수 있다. 또한 사용자가 AI 생성물에 선택, 수정, 창작적 보완을 더해 기존 결과물과 실질적인 차이를 만들어 냈다면, 그 '추가 작업'에 대해서는 저작물성이 인정될 수 있다.

미국 저작권청(USCO)의 '새벽의 자리야(Zarya of the Dawn)' 사례는 이러한 기준을 명확히 보여 준다. 당국은 만화에 포함된 AI 생성 이미지 자체의 저작권은 인정하지 않았지만, 작가가 스토리를 만들고 AI 이미지를 특정한 순서로 선택하고 배열한 행위에는 창작성이 있다고 판단했다(이보람, 2023). 이는 AI를 '도구'로 활용한 인간의 창작적 기여가 저작권 보호의 핵심이라는 점을 보여 준다.

패션 디자인 분야는 저작권 보호에 특수한 어려움을 가진다. 미국 저작권법에서는 의류와 같은 '실용품(useful article)'에 대해 실용적 기능과 분리될 수 있는 예술적 특징만을 보호하는 '분리 가능성(separability)' 원칙을 적용한다. 한국 저작권법 역시 응용 미술 저작물을 '이용된 물품과 구분되어 독자성을 인정할 수 있는 것'으로 정의하며 유사한 입장을 취하고 있다(차상육, 2021). 이에 따라 드레스의 전체적인 형태나 재단 방식은 실용적 기능과 불가분의 관계에 있어 저작권 보호를 받기 어렵지만, 표면에 적용된 독창적인 그래픽 패턴과 같은 요소는 예술적 독립성을 인정받아 보호 대상이 될 수 있다.

이처럼 의류 디자인 전반이 저작권 보호를 받기 어려운 구조 속에서, 디자이너와 브랜드는 실질적인 방어 수단으로 복합적인 지식 재산(IP) 전략을 마련하고 있다.

대표적인 예로 상품의 총체적인 이미지를 보호하는 미국의 '트레이드 드레스(Trade Dress)' 제도가 있으며, 나이키는 이를 통해 에어포스 1의 상징적인 디자인을 보호받았다. 이 외에도 에르메스 버킨백의 '입체 상표권(three-dimensional trademark)'이나 크리스찬 루부탱의 레드 솔(Red Sole)에 적용된 '색상 상표권(color trademark)' 등도 활용된다(정연이, 2025).

한국에서는 부정경쟁방지법이나 디자인보호법을 통해 유사한 보호가 이루어진다. 특히, 타인의 상당한 투자와 노력으로 창출된 성과를 모방해 부당한 이익을 취하는 행위를 금지하는 부정경쟁방지법 조항은, 저작권 보호가 어려운 디자인에 대한 중요한 법적 보호 장치로 작용한다.

알고리즘 편향과 문화적 책임

AI 모델은 학습 데이터에 내재한 사회적 · 문화적 편견을 그대로 학습하고, 이를 증폭할 잠재적 위험을 내포하고 있다. 특정 인종, 성별, 신체 유형에 편중된 데이터를 학습한 AI는 결과물에서도 이러한 편향을 재현하며 차별적 결과를 낳을 수 있다(Verma et al., 2024).

패션 산업에서 이러한 편향은 심각한 윤리적 문제로 이어진다. AI가 서구 중심의 미적 기준이나 특정 신체 사이즈만 반복적으로 학습할 경우, 생성되는 디자인 역시 획일화된 스타일과 신체 유형을 이상적인 기준으로 고정시킬 수 있다(배윤지, 2024). 이는 패션 산업이 지향해야 할 문화적 다양성을 훼손하고, 미의 기준을 왜곡하는 결과로 이어질 수 있다.

실제로 기업들은 AI 활용에 따른 사회적 책임을 마주하고 있다. 데님 브랜드 리바이스(Levi's)는 AI 생성 모델을 도입하려 했으나, 공개된 모델들이 인종 및 신체적 다양성을 충분히 반영하지 못한다는 비판에 직면해 계획을 보류했다(Forbes Staff, 2024).

또 다른 핵심 쟁점은 AI 모델의 학습 과정에서 발생하는 저작권 침해 문제다. 다수의 AI 기업은 인터넷상의 방대한 데이터를 저작권자의 명시적 동의 없이 수집해 모델 학습에 활용하고 있으며, 이로 인해 게티이미지나 뉴욕타임스 등 주요 콘텐츠 기업들의 대규모 소송에 직면했다. AI 기술이 기존 창작자의 스타일이나 저작물을 무단 학습해 유사한 결과물을 생성하는 것은 창작 생태계를 위협하는 중대한 문제다(서창배, 2023). 여기서 중요한 점은 AI 자체는 법적 책임을 지는 주체가 될 수 없다는 것이다. 따라서 AI를 활용해 생성한 결과물이 타인의 저작권을 침해할 경우, 그 법적 책임은 전적으로 AI 사용자에게 귀속된다. 이제 창작자의 역할은 결과물의 심미성뿐 아니라, 그 생성 과정 전체에 대한 책임을 포함하게 되었다.

이는 AI 활용이 단순한 기술 도입을 넘어 디자이너에게 '윤리적 문지기(Ethical Gatekeeper)'로서의 역할을 요구함을 시사한다. 이제 디자이너는 결과물의 심미성뿐 아니라, 그 생성 과정에 내재한 데이터 편향과 학습의 정당성까지 성찰해야 하는 막중한 사회적 책임을 부여받는다.

혁신과 공존을 위한 윤리적 프레임워크

AI 기술이 책임 있게 발전하기 위해서는 명확한 윤리적 프레임워크가 필수적이다. AI 시스템 개발과 운영의 핵심 윤리 원칙으로는 투명성(Transparency), 개인 정보 보호(Privacy), 책임성(Accountability), 공정성(Fairness)이 꼽힌다(Verma et al., 2024). OECD(2023)는 '신뢰할 수 있는 AI(trustworthy AI)'를 위한 원칙을 제시하며, AI 행위자들이 시스템의 적절한 기능에 대해 책임을 지도록 요구한다. 이 원칙은 46개국이 채택하고 G20이 지지하는 정부 간 최초의 표준으로, 인간 중심 가치 및 공정성, 투명성 및 설명 가능성, 책임성과 같은 가치를 포함하고 있다.

그러나 이러한 원칙은 추상적이고 모호한 경우가 많아, 실제 산업 현장에 적용하기 어렵다. 따라서 패션 산업의 특수성을 반영한 구체적인 가이드라인이 필요하다. 첫째, 투명성 확보가 중요하다. 소비자와 창작자는 어떤 이미지가 AI에 의해 생성되었는지를 알 권리가 있다. 스웨덴 패션 브랜드 H&M은 AI 생성 AI가 생성한 디지털 트윈 이미지에 워터마크를 표기해 소비자에게 AI 활용 사실을 명확히 전달할 계획을 밝혔다(Bain, 2025). 나아가 AI 모델이 어떤 데이터를 학습했는지, 그 출처를 공개하도록 의무화하는 방안도 검토할 필요가 있다(배윤지, 2024). 둘째, 책임성 강화가 요구된다. AI 사용자에게 저작권 침해의 모든 책임을 일방적으로 전가하는 것은 과도할 수 있다. 이에 어도비, 마이크로소프트, 구글 등 일부 AI 기업은 자사의 생성형 AI 사용 과정에서 발생할 수 있는 저작권 분쟁에 대비해, 법적 책임을 일부 분담하고 소송 비용을 지원하는 'IP 면책(IP Indemnity)' 정책을 도입하고 있다(서창배, 2023). 이러한 정책은 기술 제공자의 책임을 강화하고, 사용자를 보호하는 핵심 장치로 기능할 수 있다. 셋째, 공정한 보상 체계 구축이 필요하다. AI 학습에 데이터가 활용된 원작자에게 수익의 일부를 배분하는 모델이 마련되어야 한다. 글로벌 이미지 플랫폼 셔터스톡(Shutterstock)은 자사 콘텐츠가 AI 모델 학습에 사용될 경우, 해당 콘텐츠 제작자에게 보상하는 기금을 운영 중이다(한국저작권위원회, 2025). 이는 창작 생태계와의 상생을 위한 의미 있는 시도라 할 수 있다.

궁극적으로 AI는 인간의 창의성을 대체하는 것이 아니라, 이를 보완하고 확장하는 강력한 '도구'로 활용되어야 한다. 이를 위해 최종적인 디자인 결정 과정에는 반드시 인간의 가치 판단과 윤리적 숙고가 개입되는 인간 중심의 협업 모델이 정착되어야 한다. H&M의 '디지털 트윈' 프로젝트는 이러한 방향성을 제시하는 흥미로운 사례다. 이 프로젝트는 실제 모델의 디지털 복제본을 만들되, 그 초상에 대한 소유권과 통제권을 모델 본인에게 부여한다(Bain, 2025). 모델은 자신의 디지털 트윈을 다른 브랜드에 대여해 추가 수익을 창출할 수 있으며, 이는 기술 혁신 속에서 창작자의 권리를 보호하고 새로운 상생 모델을 탐색하는 접근 방식이다.

AI 기술은 혁신의 도구가 될 수도 있고, 권리 침해의 수단이 될 수도 있다. 이 둘을 가르는 기준은 기술 자체가 아니라 그것을 사용하는 인간의 태도에 달려 있다. 패션 산업은 AI가 가져온 혁신의 물결을 적극 수용하되, 창작자의 권리를 존중하고 윤리적 책임을 다하는 인간 중심의 접근을 통해 지속 가능한 미래를 모색해야 한다. 이를 위해 사회적 논의를 바탕으로 국제적으로 통용될 수 있는 명확한 기준과 가이드라인을 마련하는 것이 시급한 과제다.

AI 시대의 패션 디자인은 기술에 대한 맹목적 수용이나 막연한 거부가 아니라, 비판적 이해를 바탕으로 인간의 창의성을 중심에 둔 채 기술과 공존하는 새로운 관계를 정립해야 하는 중대한 전환점에 서 있다. 디자인에서의 혁신은, 그 책임 구조가 명확할 때 비로소 지속 가능하다.

참고문헌

배윤지(2024). "패션 디자인과 생성형 AI: 창작물의 범주와 윤리적 과제". 《한국의류산업학회지》, 26(4), 326~338쪽.

서창배(2023). "AI를 통해 생성된 새로운 데이터의 법적 문제: 디지털 디자인 분야를 중심으로". 《기업법연구》, 37(4), 441~478쪽.

이보람(2023). "셔터스톡 AI 디자인 창작물에 대한 저작권의 주체". 《상품학연구》, 41(2), 69~76쪽.

차상육(2021). "미국과 한국의 패션 디자인 보호의 비교법적 검토: 저작권법을 중심으로". 《법학논고》, 72, 217~274쪽.

한국저작권위원회(2025). 《저작권 이슈 트렌드》, 51.

Bain, M.(2025.3.25). H&M Knows Its AI Models Will Be Controversial. The Business of Fashion. https://www.businessoffashion.com/articles/technology/hm-plans-to-use-ai-models/

Forbes Staff(2024.4.27). Levi's AI Modeling Experiment Sparks Debate Over Diversity and Job Displacement. Forbes Founder.
https://forbesfounder.com/technology/levis-ai-modeling-experiment-sparks-debate-over-diversity-and-job-displacement/

OECD(2023). Advancing Accountability in AI: Governing and managing risks throughout the lifecycle for trustworthy AI. *OECD Digital Economy Papers, 349*. OECD Publishing.

Verma, S. et al.(2024). Ethical Considerations of Bias and Fairness in AI Models. *2024 2nd International Conference on Disruptive Technologies(ICDT)*, pp.818~823.

10
AI와 패션 디자인의 미래 전망

AI는 디자인 산업의 글로벌화를 가속하고, 소비자 경험의 재가치화를 이끌며 더욱 전략적으로 활용될 것이다. 여기에 인더스트리 5.0 패러다임의 도래는 새로운 직무의 등장을 촉진하고, 전면적인 시스템 전환을 요구하고 있다. 이러한 변화 속에서 인간의 정서적 · 사회적 지능은 더욱 중요한 가치로 주목받을 것이다.

AI와 미래 의사?

디자인과 창작 방식의 재편과 새로운 직무의 등장

패션 디자인 분야에서의 AI 활용은 수익 구조 개선이나 제품 생산성 향상을 넘어, 앞으로 더 전략적이고 고도화된 방향으로 진화할 것이다. 또한 AR(증강현실)/VR(가상현실) 기반 협업 플랫폼을 통한 커뮤니케이션과 투명한 업무 수행은 국경을 초월한 가상 패션 디자인 협업을 가능하게 하며 디자인 산업의 글로벌화를 촉진할 것이다(Pinto et al., 2024).

특히 소비자 경험 가치를 중심에 두고 소비자와의 접점을 재정의하려는 추세가 나타나고 있다(정연이, 2025). AI 기반 제품 추천, 맞춤형 콘텐츠, AR/VR, NFT, 구독 모델 등을 활용해 제공되는 쇼핑 경험과 소비자의 디자인 참여를 포함한 초개인화 서비스는 패션 소매 시장의 접근 방식을 근본적으로 바꿀 것이다(Kazancoglu et al., 2023).

이러한 변화의 중심에는 인더스트리 5.0 패러다임의 등장이 있다. 인더스트리 5.0은 지속 가능성, 복원력, 맞춤화를 비전으로 내세우며, 창의성, 직관, 감성 지능, 비판적 사고, 문제 해결 능력 등 인간 고유의 소프트 스킬과 기술 간의 조화로운 균형을 중시한다(Javaid et al.,

2021; Rahaman et al., 2025; Rahardjo et al., 2024; Sustainability Directory, 2025). 이는 미래 혁신의 깊이를 더하는 데 인간의 역량이 중요하다는 점을 강조한다.

이러한 전환은 패션 산업 내 인력의 역할을 재정의하고 있다. 패션 디자이너에게는 큐레이터, 디렉터, 최종 결정자 등 전략적이고 통합적인 역할이 요구된다. 따라서 전통적인 디자인 역량에 AI 활용 능력을 결합해 새로운 창의성을 발휘하는 하이브리드형 인재가 각광받게 될 것이다. 또한 데이터를 해석하고 디지털 도구를 운용하는 능력이 중요해지면서 데이터 분석가, AI 프롬프트 엔지니어, AI 협업 큐레이터, AI 컨설턴트, 3D 스페셜리스트, 소재 큐레이터 등 중간 매개자 역할이 유망 직업군으로 떠오르고 있다(정연이, 2025). 이를 위해 지속적인 업스킬링 교육과 함께 문제 해결 능력, 협업 역량, 보안과 윤리 문제 대응력 함양이 필수적이다(Shrivastava, 2025).

시스템 전환

AI 시대의 패션 산업은 전례 없는 변화 속에서 윤리적, 사회적, 문화적 이슈들과 복잡하게 얽혀 새로운 과제에 직면하고 있다. 앞서 기술한 신종 직무 및 직업군의 등장은 직업 생태계의 변화를 초래하며, 기술 격차에 따른 경제적 불균형이라는 새로운 과제를 낳고 있다. 특히 AI 기술에 대한 숙련도 차이로 인해 저숙련자의 실직과 고숙련자의 기회 편중 현상이 발생할 수 있으며, 이는 개인 및 기업 간의 경제적 불평등을 심화해 사회적 불안정으로 이어질 가능성도 있다.

이에 대한 해결책은 단일 기업이나 기관의 혁신만으로는 이루기 어려우므로 제도적 시스템의 전환이 요구된다. 구체적으로는 첫째, 신종 직무를 공식 직무 체계나 자격 인증 제도와 연계해 제도권 내로 편입해야 한다. 이를 기반으로 직업 교육을 체계적으로 확대 · 시행할 필요가 있다. 둘째, 중소 패션 기업의 기술 도입을 지원하기 위해 컨설팅, 인프라 및 장비 제공, 연구 사업 지원 등 현실적인 지원 제도를 마련한다(정연이, 2025). 셋째, 개인 창작자를 위한 오픈 소스 AI 개발과 공유 서비스를 확대해 누구나 AI를 배우고 활용할 기회를 제공한다.

또한 AI 기술과 ESG 경영과의 통합을 통한 전략적인 거버넌스 체계 구축이 요구된다(정연이, 2025). AI 기술이 환경적, 경제적, 사회적, 문화적으로 지속 가능 패션 실천에 기여하고 있음은 분명하다. 그러나 미시적이고 복잡한 난관과 다양한 이해관계들이 얽혀 있어 현실적으로 완전무결한 지속 가능성을 실현하기는 어렵다. 따라서 지속 가능성을 보다 거시적인 관점에서 실천하기 위해서 ESG 경영 원칙 아래, 기술, 정책, 산업, 교육 등의 영역이 긴밀히 연계된 다층적 협력 체계를 구축할 필요가 있다.

가치와 정서적 역량 교육

유발 하라리는 AI가 스스로 학습하고 변화하며 결정을 내릴 수 있는 능력을 갖추었기 때문에, 단순한 도구가 아닌 '학습자'라고 주장한다(Harari, 2024). 그는 비인간 지능이 인간 지능을 압도함으로써 발생한, 그리고 앞으로 발생할 수 있는 문제의 심각성을 경고한다. 이러한 맥락에서 볼 때, 앞으로의 인재 양성 목표가 단지 AI 활용 실무 역량 배양에 초점을 맞추는 것으로 충분한지 생각해볼 필요가 있다.

패션 디자인에서 AI 활용과 관련해 떠오르고 있는 주요 이슈 중 하나는 문화 전유의 문제다. 문화 전유란 특정 문화의 소유자나 창작자의 승인 없이, 혹은 그 문화에 대한 충분한 이해 없이 이를 활용하는 행위를 의미한다. 그동안 다른 문화권의 전통 복식, 이국적인 표현, 이미지, 사물 등은 패션 디자인에서 매력적인 영감의 원천으로 활용됐으며, 이에 따라 유사 복제와 창의적 해석 사이의 경계를 두고 논쟁이 끊이지 않았다.

이러한 문화 전유 문제에 대한 쟁점은 AI의 활용이 확대되면서 더욱 두드러질 것으로 보인다. AI가 복제와 해석의 차이를 인지하고, 타 문화를 올바르게 이해하고 존중하는 방식으로 디자인을 생성하는지를 검증하기 어렵기 때문이다. 결국 해당 문화를 정확히 이해하고 존중하는 태도를 바탕으로 단순 복제와 해석의 미묘한 차이를 구분하며 창의성을 발휘하는 인간 창작자의 역할이 더욱 중요해질 것이다.

이러한 인간의 정서적, 사회적 지능의 중요성은 인간 고유의 역량을 중심에 두는 인더스트리 5.0 패러다임의 비전에서도 드러난다. AI에는 분석 업무를 맡기고, 인간은 감성과 가치 판단이 요구되는 일에 집중하자는 것이다(김명락, 2020). 특히 공감 지능이 디자인 분야에서 중요한 역할을 한다는 연구 결과가 다수 제시되어 왔다(정재희, 2019; 조성환 · 이길옥, 2025; Balcaitis, 2019; 정원준 · 김승인, 2018). 공감 지능이 AI가 가장 마지막으로 대체하게 될 지능이라는 주장도 있다(Huang & Rust, 2018). 그래서 공감, 사랑, 창의성과 같이 감성이 필요한 직업군은 비교적 안전하다고 본다(Lee, 2018). 이는 타인의 입장이나 감정을 자신의 것처럼 느끼며 반응하는 감정 이입의 특성을 아직까진 AI로 구현하기 어렵다는 의미기도 하다. 따라서 AI 시대에 인간의 경쟁력은 단순히 AI를 이해하고 활용하는 능력에 앞서, 인문학적 지식, 윤리적 감수성, 비판적 사고력, 통찰력을 키우는 데 있다. 이는 곧 기술은 그 자체로 진보가 아니라, 그것이 사용되는 맥락에 따라 의미가 정의된다는 점(Rakowski et al., 2021)을 시사한다. 우리의 미래는 결국 AI를 얼마나 적절히 수용하고 활용하느냐에 달려 있다고 할 수 있다.

패션 디자인의 미래 역시 AI가 인간보다 더 창의적인 디자인을 만들어 낼 것이라는 무조건적인 믿음만으로 황금빛 미래를 기대하기에는 해결해야 할 문제들이 많다. 이제는 AI를 협업자로 우호적으로 바라보는 동시에, 윤리적이고 사회적 책임에 기반한 패션 생태계 조성을 위해 인간인 우리가 무엇을 더 개발하고 노력해야 하는지 숙고할 차례다.

참고문헌

김명락(2020). 《이것이 인공지능이다》. 슬로디미디어.
정연이(2025). "패션산업의 디지털 전환이 가져온 가치사슬 변화 양상과 직무 영향". 《패션비즈니스》, 29(3), 32~44쪽.
정원준·김승인(2018). "인공지능 시대에서 미래 디자이너의 역할에

관한 고찰: 디자인 프로세스와 디자인 소프트웨어를 중심으로". 《디지털융복합연구》, 16(8), 279~285쪽.

정재희(2019). "디자이너의 공감 능력과 공감 시도가 디자인 결과물에 미치는 영향". 《산업디자인학연구》, 13(2), 71~82쪽.

조성환·이길옥(2025). "생성형 AI와 제품 디자이너의 디자인 아이데이션 비교 연구: 창의성, 혁신성, 공감 능력을 중심으로". 《디자인학연구》, 38(2), 485~502쪽.

Balcaitis, R.(2019). Design Thinking models. Stanford d.school. Empathize IT. https://empathizeit.com/design-thinking-models-stanford-d-school/

Harari, Y.N.(2024). *Nexus*. Random House. 김명주 옮김(2024). 《넥서스》. 김영사.

Huang, M. H. & Rust, R. T.(2018). Artificial intelligence in service. *Journal of Service Research, 21*(2), pp.155~172.

Javaid, M. et al.(2021). Substantial capabilities of robotics in enhancing industry 4.0 implementation. *Cognitive Robotics, 1*, pp.58~75.

Kazancoglu, Y. et al.(2023). Towards Industry 5.0 Challenges for The Textile and Apparel Supply Chain for The Smart, Sustainable, and Collaborative Industry in Emerging Economies. *Information Systems Frontiers, 26*(5), pp.1857~1872.

Lee, K.(2018). *AI Superpowers*. Harper Business. 박세정·조성숙 옮김(2019). 《AI 슈퍼파워》. 이콘.

Pinto, R. et al.(2024). Enabling professionals for Industry 5.0: The self-made programme. *Proceedings of 5th International Conference on Industry 4.0 and Smart Manufacturing(ISM 2023)*, pp.2911~2920.

Rahaman, M. T. et al.(2025). Transitioning from Industry 4.0 to Industry 5.0 for sustainable and additive manufacturing of clothing: Framework, case Studies, recent advances, and future prospects. *Materials Circular Economy, 7*, 20.

Rahardjo, B. et al.(2024). A sustainable innovation framework based on lean six sigma and industry 5.0. *Arabian Journal for Science and Engineering, 49*(5), pp.7625~7642.

Rakowski, R. et al.(2021). Ethical aspects of the impact of AI: The status of humans in the era of Artificial Intelligence. *Society, 58*(3), pp.196~203.

Shrivastava, G.(2025). The impact of Artificial Intelligence on employment: Replacing jobs or creating opportunities?. Sage University Bhopal.
https://sageuniversity.edu.in/blogs/impact-of-artificial-intelligence-on-employment

Sustainability Directory(2025). What Are The Social Implications Of Automated Fashion?.
https://fashion.sustainability-directory.com/question/what-are-the-social-implications-of-automated-fashion/

마진주

홍익대학교 패션대학원 부교수다. 한양대학교 의류학과 졸업 후 영국 런던패션대학에서 석사 학위를, 로열칼리지오브아트에서 박사 학위를 받았다. 사회 문화적 관점에서 디지털 패션과 지속 가능 패션을 연구하고 있다. 《내일의 옷: 지속 가능한 패션 해설서》(2025)를 저술했고, "Restructuring situated bodily practices: Understanding relationship of dress, body, and identity in virtual dressing practice"(2025), "Re-engineering nubi: Design-driven approach to cultural sustainability in Korean fashion/textile practice"(2024), "Traditional fashion practice and cultural sustainability"(2023), "Development of education for sustainable fashion design using a challenge-based approach"(2023) 등 다수의 논문을 A&HCI, SCOPUS, KCI 학술지에 게재했다.

정연이

패션컨설팅 에이전시 Associé NN 대표이자 홍익대학교 섬유미술패션 디자인과 겸임 교수다. 동덕여자대학교와 프랑스 파리 스튜디오베르소에서 패션 디자인을 전공하고 홍익대학교에서 박사 학위를 받았다. ㈜세정, ㈜한섬, ㈜신세계인터내셔날 등에서 디자이너로 근무했으며, 현재 패션테크를 활용한 패션 스타트업의 브랜딩 전략을 돕고 있다. 또한 패션 전문 매체 Dito&Ditto에 디지털 패션 칼럼을 연재하고 있다. 패션 에세

이 《옷을 입다 패션을 만들다》(2024)를 저술했고, "디올 패션 컬렉션에 나타난 마리아 그라치아 키우리의 페미니즘 전략"(2024), "패션산업의 디지털 전환이 가져온 가치사슬 변화 양상과 신종 직무"(2025) 등 다수의 논문을 게재했다.